FACULTÉ DE DROIT DE PARIS

DROIT ROMAIN.

DE LA

QUERELA INOFFICIOSI TESTAMENTI

DROIT FRANÇAIS.

DE LA

RÉSERVE DES DESCENDANTS

THÈSE POUR LE DOCTORAT

PRÉSENTÉE ET SOUTENUE

PAR

CHARLES PARMENTIER,
Avocat.

PARIS
A. PARENT, IMPRIMEUR DE LA FACULTÉ DE MÉDECINE
31, rue Monsieur-le-Prince, 31

1873

FACULTÉ DE DROIT DE PARIS

DROIT ROMAIN.

DE LA

QUERELA INOFFICIOSI TESTAMENTI

DROIT FRANÇAIS.

DE LA

RÉSERVE DES DESCENDANTS

THÈSE POUR LE DOCTORAT

PRÉSENTÉE ET SOUTENUE

PAR

CHARLES PARMENTIER,

Avocat.

L'acte public sur les matières ci-après sera soutenu le mercredi 23 juillet 1873, à huit heures et demie.

Président :	M. DEMANTE,	Professeur.
Suffragants	MM. VALETTE,	Professeurs.
	VUATRIN,	
	LABBÉ,	
	BOISSONADE,	Agrégé.

Le candidat répondra, en outre, aux questions qui lui seront faites sur les autres matières de l'enseignement.

PARIS

A. PARENT, IMPRIMEUR DE LA FACULTÉ DE MÉDECINE

31, rue Monsieur-le-Prince, 31

1873

MEIS ET AMICIS

EXPOSITION HISTORIQUE.

« C'est une loi naturelle et immuable, dit Domat (1), « que les pères doivent laisser leurs biens à leurs en « fants après leur mort, et c'est aussi une autre loi, « qu'on met communément au nombre des lois natu- « relles, qu'on puisse disposer de ses biens par un « testament. Si on donne à la première de ces deux « lois une étendue sans aucune borne, un père ne « pourra disposer de rien ; et, si on étend la seconde à « une liberté indéfinie de disposer de tout, comme « faisait l'ancien droit romain, un père pourra priver « ses enfants de toute part à sa succession et donner « tous ses biens à des étrangers. On voit, par ces con- « séquences si opposées, qu'il est nécessaire de donner « à ces deux lois quelques bornes qui les concilient. »

C'est à l'étude de cette difficile conciliation et des différentes mesures que le législateur a employées pour l'opérer, qu'est consacré ce travail.

La difficulté est-elle bien réelle? Existe-t-il vraiment deux lois naturelles contradictoires entre lesquelles une conciliation soit nécessaire? C'est une question primordiale que Domat ne discute pas. « C'est une loi « naturelle et immuable que les pères doivent laisser « leurs biens à leurs enfants après leur mort, dit-il. »

Cette loi naturelle fut cependant méconnue par les décemvirs qui rédigèrent la loi des Douze-Tables ;

(1) Traité des lois, chap. XI, § 7.
Parmentier.

« Uti legassit super pecunia tutelave suæ rei, ita jus « esto. »

Et, tout immuable que la proclamait Domat, nous voyons à nos côtés de grandes et prospères nations : l'Angleterre, les États-Unis d'Amérique, reconnaître à chacun la liberté de tester, même au préjudice de ses enfants.

Chez nous-mêmes, dans ces derniers temps, une pacifique agitation s'est produite autour de cette vieille question; la liberté testamentaire a été présentée par d'exellents esprits comme le remède souverain qui devait ramener, dans notre société troublée, le calme, la stabilité, l'harmonie; deux fois, au Corps législatif et au Sénat, la réserve des descendants, telle que l'a organisée le Code, dut être défendue à la tribune.

La seconde loi : celle qui veut qu'on puisse disposer de ses biens par testament, « et qu'on met communément, dit Domat, au nombre des lois naturelles, » n'est pas moins discutée.

Elle est restée ignorée de toutes les législations primitives.

« L'ancien droit hindou ne connaissait pas le testa- « ment; le droit athénien, jusqu'à Solon, l'interdisait « d'une manière absolue, et Solon lui-même ne l'a per- « mis qu'à ceux qui ne laissaient pas d'enfants. Platon, « dans son *Traité des lois*, nous explique très-claire- « ment, sous forme de dialogue, la pensée des anciens « législateurs. Un mourant se plaint de ne pouvoir dis- « poser de son bien avant de mourir; mais le législa- « teur lui répond : — Toi qui ne peux te promettre « plus d'un jour, toi qui ne fais que passer ici-bas, « est-ce bien à toi de décider de telles affaires? Tu n'es « le maître ni de tes biens ni de toi-même, toi et tes

« biens, tout cela appartient à ta famille, c'est-à-dire « à tes ancêtres et à ta postérité (1). »

Cette seconde loi fut niée formellement par la législation du droit intermédiaire, et c'est l'argument de Platon, qu'à plus de vingt siècles de distance, Robespierre, l'un des promoteurs de la loi de nivôse, opposait à la liberté de tester. « L'homme, disait-il, peut-il « disposer de cette terre qu'il a cultivée, lorsqu'il est « lui-même réduit en poussière ? »

Ajoutons, enfin, que la liberté de tester est encore repoussée par plusieurs législations actuelles.

A nos portes, le canton de Bâle enlève la faculté de tester au chef de famille qui a des enfants, et lui permet seulement des donations entre-vifs faites avec modération.

Dans le canton de Glaris, le chef de famille doit obtenir, pour faire un legs, le consentement des enfants. L'héritier direct a déjà, du vivant de l'auteur, une sorte de copropriété sur le patrimoine.

Faut-il donc nier la coexistence de ces deux lois naturelles énoncées par Domat, et entre lesquelles il demande une conciliation : la liberté de tester pour le père de famille, la protection pour les enfants ?

C'est là une question du plus haut intérêt pour la législation et pour le philosophe ; pour nous, juristes, notre œuvre est plus modeste ; nous avons à étudier la loi romaine de Justinien, la loi française de 1804 ; ces lois ont tenté la conciliation entre la liberté de tester et la protection des descendants ; elles admettent donc la préexistence de ces deux principes supérieurs. Nous avons à les accepter sans les discuter.

(1) Fustel de Coulanges, Cité antique, page 89.

Disons, cependant, que la réserve des descendants a une triple base : la dette alimentaire, le fidéicommis tacite de la part des ascendants, la copropriété familiale.

Sans doute, aucun de ces trois principes n'est à l'abri des objections, et ne peut suffire à établir la réserve à lui seul. On peut dire que, pour déduire la réserve de la dette alimentaire, il faut donner à celle-ci une extension qui n'est pas dans l'esprit de la loi ; que l'idée d'un fidéicommis tacite ne répond pas toujours à la réalité des faits ; que l'idée de la copropriété familiale, si elle était admise, devrait conduire à l'interdiction absolue de tester.

Mais, si l'on réunit les trois idées en un seul faisceau, elles se fortifient l'une l'autre ; ce qui manque à la dette alimentaire est suppléé par l'idée de copropriété, et cette copropriété elle-même est fortifiée par l'idée de fidéicommis tacite.

Quant à la liberté de tester, c'est un des droits élémentaires qui constituent la propriété.

Le propriétaire, d'après les jurisconsultes romains, c'est celui qui a le *jus utendi*, le *jus fruendi*, le *jus abutendi*. Le *jus abutendi*, c'est le droit de disposer de la chose non pas seulement physiquement, mais encore juridiquement, en l'aliénant soit dans le présent, soit dans l'avenir. Nous allons examiner les diverses mesures qui, dans le droit romain, l'ancien droit et le droit nouveau, ont précédé et amené la réserve telle qu'elle est organisée dans notre code actuel.

DROIT ROMAIN.

Nous étudierons tout à l'heure pour elle-même, et en détail, la *querela inofficiosi testamenti;* pour le moment, nous allons voir rapidement les diverses phases par lesquelles le droit romain a passé, au point de vue de la protection à accorder aux descendants.

L'ancien droit de Rome est, pour nous, très-obscur. Avant les Douze-Tables, nous n'avons aucun texte de loi qui interdise ou qui permette le testament. La langue juridique a conservé un mot : *hæres suus et necessarius*, qui semble indiquer un temps où les biens, à la mort du père, passaient aux enfants, en vertu de leur copropriété comme chez tous les peuples primitifs. Nous savons, cependant, qu'avant la loi des Douze-Tables, le testament existait déjà, mais bien différent de ce qu'il est devenu dans notre droit moderne. Dans cette législation primitive, l'individu meurt, mais la personne juridique est immortelle ; ce remplacement d'un citoyen décédé par un autre n'est pas affaire de droit privé, c'est un acte qui appartient éminemment à l'ordre religieux et à l'ordre public ; la hiérarchie de ce remplacement est marquée par une loi générale ; pour rompre cette hiérarchie, une loi particulière est nécessaire.

Le testateur ne fait donc que proposer son successeur, et c'est le peuple entier, réuni dans ses comices par curies (*calatis comitiis*), qui admet que tel citoyen, à la mort de tel autre, le remplacera et le continuera dans l'association. Disons qu'à côté de cette forme de testament, que sa solennité rendait inaccessible aux plébéiens, s'était introduit, sous le couvert d'une vente fictive, un autre testament appelé testament *per æs et libram*. Le testateur vendait son hérédité au moyen d'une mancipation, et l'acheteur, s'il n'était pas héritier, en obtenait au moins la place : *hæredis locum obtinebat* (Gaïus, 2, § 103).

Quel fut, dans cette législation compliquée, l'effet de la loi des Douze-Tables et de sa disposition si absolue : « uti legassit super pecunia tutelave suæ rei ita « jus esto? » Les formes subsistèrent, mais le droit fut bien changé. Les curies ne durent plus intervenir dans le testament pour statuer législativement, avec la faculté d'y consentir ou de les rejeter, mais seulement pour les recevoir et pour les constater. Le testament indirect *per æs et libram*, resta toujours le plus fréquent, parce qu'il était le plus commode ; mais il fut mentionné dans la formule, que la vente n'avait pour but que de permettre au vendeur d'user du droit de tester, que la loi lui avait accordé : « familiam tuam endo », disait l'acheteur, « quo tu jure testamentum facere possis secun- « dum legem publicam. »

Le pouvoir qu'avait accordé la loi des Douze-Tables était absolu ; le testateur pouvait librement instituer pour héritier une personne étrangère. Cette liberté était d'autant plus abusive en droit romain, que, ne l'oublions pas, l'enfant restait à tout âge sous la puissance de son père ; tout ce qu'il acquérait était acquis au père, et un mot, une simple omission, allait suffire pour le destituer de tout droit à cette fortune qu'il avait augmentée, qu'il avait créée peut-être.

Aussi reconnut-on bientôt ce qu'il y avait d'odieux dans cette faculté si contraire aux sentiments et aux devoirs de la nature. Elle fut restreinte par l'interprétation des prudents d'abord, puis par l'autorité des préteurs et des empereurs. Ce sont les prudents qui firent admettre la nécessité pour le père d'exhéréder formellement ses enfants.

Ils proclamèrent une sorte de copropriété entre les pères et les enfants soumis à sa puissance : les biens, dirent-ils, doivent être considérés comme le patrimoine de la famille tout entière. A la mort du père, ils passent aux enfants par la force des choses, car ils en étaient déjà propriétaires ; ils sont *hæredes sui*, ce n'est pas par la volonté du père que cette transmission s'accomplit ; son silence n'y met donc pas obstacle ; s'il veut l'empêcher, il faut tout au moins qu'il le déclare formellement. Cette idée éta t conforme à la vérité, peut-être était-elle une réminiscence du droit primitif de Rome ; elle fut adoptée.

Le père n'eut plus la faculté d'exhéréder ses enfants par simple omission, une exhérédation formelle fut exigée. Lorsqu'il s'agissait d'un fils, elle devait être individuelle : une omission à cet égard entraînait la nullité radicale du testament. Les filles et petits-enfants pouvaient être exhérédés collectivement ; leur omission laissait subsister les dispositions testamentaires, mais les descendants omis venaient s'adjoindre aux héritiers institués et prenaient *jure accrescendi* une portion des biens héréditaires.

La nécessité de l'exhérédation était une première protection accordée aux descendants, bien faible, il est vrai ; ce n'était qu'une formalité de plus imposée au testateur : aussi les prudents ne s'en tinrent pas là.

Grâce à l'influence que lui donnaient leurs réponses officieuses sur le *jus non scriptum*, ils firent admettre la *querela in officiosi testamenti*.

Par cette *querela*, l'héritier naturel, exclu de la succession par une exhérédation formelle ou une omission contraire au devoir qu'imposent les liens du sang, put néanmoins réclamer la succession en prétextant la folie du testateur. Cette *querela* existait déjà du temps de

Ciceron, qui y fait allusion dans son traité *De oratore* (I, 38).

C'était une tentative de conciliation plus sérieuse entre la liberté de tester du père et la protection due aux enfants. Toutefois cette institution avait deux graves imperfections : elle portait une trop grave atteinte à la liberté du père, et, en même temps, elle ne protégeait l'enfant que d'une façon insuffisante.

D'une part, en effet, elle supprimait plutôt qu'elle n'entravait la liberté de tester, puisque le testateur n'avait aucun moyen certain d'éviter la rupture de son testament. D'autre part, elle ne protégeait l'enfant que contre les dispositions testamentaires ; le *paterfamilias* pouvait toujours, par des donations entre-vifs, épuiser son patrimoine au mépris des devoirs que lui imposaient les liens du sang.

Cette lacune ne fut comblée que bien tardivement par les Constitutions impériales, qui accordèrent la *querela inofficiosœ donationis*.

Quant à la première imperfection, les prudents y remédièrent de bonne heure au moyen de la *quarte légitime*, introduite à l'imitation de la *quarte Falcidie*, et dont il est déjà question dans Pline le Jeune, qui écrivait sous Trajan (*Epistola*, v. 1). Celui qui avait reçu cette qualité était, par cela même, exclu du droit d'intenter le *querela*.

Telle fut, dans cette importante question, la marche du droit romain. Nous ne tarderons pas à le retrouver. En étudiant les différentes législations qui ont régi la France, nous allons voir le rôle considérable qu'il a joué dans notre droit.

ANCIEN DROIT.

Le droit des tribus gauloises, avant la conquête de Jules César, nous est presque aussi inconnu que l'ancien droit de Rome. Les druides étaient les législateurs, en même temps que les prêtres de ces races, venues de l'Orient à une époque inconnue ; mais ils ne confiaient pas à l'écriture leurs poëmes sacrés, selon l'expression de M. Chambellan : ils ont emporté dans leurs tombeaux tous les secrets d'une grande nation.

Au point de vue spécial des successions, les Commentaires de César ne nous fournissent que de bien rares indications. Le testament était sans doute inconnu eu Gaule, et la copropriété des biens admise dans la famille ; c'cst là, nous l'avons vu, le système successoral de tous les peuples primitifs, et plusieurs indices semblent indiquer que nos pères ne dérogeaient pas à cette loi historique.

L'histoire de notre droit ne commence vraiment qu'avec la conquête romaine. Ses variations successives sont présentées d'une façon saisissante par l'historien Monteil, dans le passage suivant : « Les Romains viennent, qui conquièrent la Gaule du midi « au nord et lui donnent des lois. Les Francs viennent « ensuite, qui conquièrent la Gaule du nord au midi, « mais ne lui donnent pas de lois, parce qu'ils n'en « ont pas. Au nord la législation romaine meurt ; à sa « place naissent de petites législations locales ou coutumes. Au midi, la législation continue à vivre, « mêlée aussi d'un grand nombre d'autres législations « locales ou coutumières. Brochant sur le tout, les

« ordonnances royales, à commencer par les Capitu-
« laires, deviennent également obligatoires en deçà et
« au delà de la Loire, et le royaume se trouve ainsi
« régi par trois sortes de législations » (1).

Mais dans ces législations si diverses, à travers les vicissitudes des douze premiers siècles de notre ancien droit, et au milieu des variétés sans nombre des coutumes pendant les six derniers, le droit des enfants à une portion réservée des biens paternels n'a pas cessé d'être universellement reconnu.

C'est la conclusion à laquelle arrive M. Boissonade dans son bel ouvrage sur l'histoire de la réserve héréditaire. L'exposé historique auquel nous allons nous livrer ne sera que le développement de cette conclusion.

César nous présente les Gaulois doués d'une grande mobilité d'esprit, amis des nouveautés et toujours disposés à l'imitation; ils n'ont pas démenti cette appréciation de leur conquérant.

Séduits par la civilisation avancée des Romains, ils ne tardèrent pas à adopter volontairement leurs usages et leurs lois. Tacite signale déjà cette assimilation : *Jam moribus, artibus, ac finitatibus nostris mixti.....*, fait-il dire à Claude, à propos des Gaulois, dans un discours au Sénat. L'abolition du druidisme, la justice rendue en langue latine, l'édit de Caracalla, qui donne à tous les sujets de l'empire le titre de citoyen romain, enfin le christianisme achevèrent cette œuvre d'assimilation. La civilisation romaine extirpa et remplaça les lois, les mœurs, la langue, la religion nationale, à tel point que les barbares, lorsqu'ils enva-

(1) Histoire des Français, XIVe siècle, épitre LXVIII, t. I, p. 353.

hirent la Gaule, n'y trouvèrent plus que des Romains.

Pendant toute cette période, la Gaule fut donc régie par le droit que nous avons exposé tout à l'heure : la liberté de tester y était admise, mais tempérée par la *querela inofficiosi testamenti* et la *légitime*, qui assuraient aux enfants une portion de la fortune naturelle.

Cette absorption de la vieille nationalité gauloise par la nationalité romaine fut surtout complète dans les provinces du Midi, comme nous allons le voir.

Lorsque les Burgondes et les Wisigoths s'y établirent au ve siècle, ils suivirent la même inspiration que les Romains, en laissant aux vaincus l'usage de leurs lois propres. Ils appliquèrent cette théorie si originale de la personnalité des lois ; vainqueurs et vaincus vécurent côte à côte régis chacun par leur loi personnelle.

Ce mot vainqueurs, appliqué aux Burgondes et aux Wisigoths, manque, du reste, d'exactitude ; leur établissement en Gaule fut plutôt une occupation qu'une conquête. « Soustraits depuis longtemps à l'empire « du fanatisme guerrier que propageait la religion des « Scandinaves, dit Augustin Thierry, ces deux peuples « avaient émigré par nécessité, avec femmes et en- « fants, sur le territoire romain. C'était par des négo- « ciations réitérées, plus encore que par la force des « armes, qu'ils avaient obtenu leurs nouvelles de- « meures. A leur entrée en Gaule, ils étaient chrétiens, « et quoique appartenant à la secte arienne, ils se « montraient en général tolérants.

« Impatronisés sur les domaines des propriétaires « gaulois, ayant reçu ou pris, à titre d'hospitalité, les

« deux tiers des terres et le tiers des esclaves, ils se « faisaient scrupule de rien usurper au-delà. Ils ne « regardaient point le Romain comme leur colon, « comme leur *lite*, selon l'expression germanique, mais « comme leur égal en droit dans l'enceinte de ce qui lui « restait » (1).

C'est pour répondre à cette idée d'égalité qu'Alaric II, roi des Wisigoths, fit composer, en 506, le recueil de lois romaines connu sous le nom de Bréviaire d'Alaric, qui dut, à l'avenir, être le Code de tous ses sujets gallo-romains.

Un recueil du même genre, le Papien, dut remplir le même rôle dans le royaume des Burgondes.

Vers la même époque, fut rédigée la coutume des envahisseurs eux-mêmes, qui, jusqu'alors, n'avait été conservée que par la tradition ; celle des Burgondes, ou loi Gambette, de 501 à 517, par des fils du roi Gondebaud ; celle des Wisigoths, un siècle et demi plus tard, en 650.

Mais, dans ces rédactions, la vieille coutume germanique, qui réglait la succession, et dont Tacite nous a conservé le souvenir : « Hæredes successores-« que cuique liberi et nulluum testamentum, » est bien modifiée. L'Église a fait adopter le testament. La loi des Burgondes règle la succession des défunts *intestati*, et mentionne plusieurs fois le testament : la loi des Visigoths l'admet formellement sous le nom de *Ultmæ voluntates*, *scriptura*, *testamentum*.

En même temps la théorie romaine de la légitime se fait jour. Dans la loi des Burgondes, la faculté de disposer, à titre gratuit, est limitée par le père ; s'il a

(1) Lettres sur l'Histoire de France, VI.

laissé tous ses biens à un étranger, sans laisser à ses enfants la *debita portio*, la disposition est nulle pour le tout.

Dans la loi des Visigoths, la liberté testamentaire est accordée à celui qui n'a pas d'enfants, mais elle est limitée pour le père; il ne peut disposer que d'un tiers en faveur de l'un de ses enfants, et en outre d'un cinquième en faveur d'un étranger ou de l'Église.

Les barbares s'inspirent donc du droit romain pour rédiger leurs coutumes personnelles.

C'est la répétition du phénomène historique qui s'était produit en Gaule cinq siècles plus tôt; la civilisation romaine, qui avait absorbé la nationalité gauloise, va absorber ce nouveau flot de tribus germaniques que l'invasion a poussé sur elle. Sa supériorité est irrésistible.

Ces coutumes barbares elles-mêmes vont bientôt disparaître : les victoires de Clovis et de ses fils vont étendre la domination franque sur toute la Gaule; vaincus à leur tour, les Burgondes et les Visigoths vont se confondre avec ces populations gallo-romaines qu'ils ont un moment gouvernées, mais qui leur sont si supérieures en civilisation.

Leurs coutumes personnelles ne survivront pas longtemps à leur puissance politique, et lorsque le principe de la personnalité des lois aura fait son temps, tout le pays qu'ils ont occupé ne sera plus régi que par une seule loi : la loi romaine.

Quelle avait été, pendant la même période, l'influence de l'invasion des Francs sur les législations du Nord de la Gaule?

L'historien Monteil nous disait tout à l'heure :

« Les Francs viennent après les Romains......; au « Nord la législation romaine meurt; à sa place naissent de petites législations locales ou coutumes. »

Cependant, pas plus que les Burgondes ou les Visigoths, les Francs n'imposèrent leurs lois aux vaincus; eux aussi admirent le principe de la personnalité des lois. Mais tandis qu'au Midi cette juxtaposition de deux législations différentes amena l'absorption du droit barbare par le droit romain, au Nord, c'est le contraire qui se produisit.

Plusieurs causes contribuèrent à ce résultat. La partie septentrionale de la Gaule fut celle où la domination romaine s'établit le plus tard. Dans cette région si éloignée de l'Italie, Rome se manifesta bien plus par sa puissance militaire que par l'éclat de sa civilisation; elle y a laissé la trace de ses camps et de ses routes stratégiques, aucun de ces monuments dont les ruines sont encore la parure de la vallée du Rhône; c'est donc là que les lois romaines avaient jeté les racines les moins profondes dans les mœurs des populations vaincues.

D'autre part, la conquête des Francs eut un caractère particulièrement violent. « Ils aimaient la guerre « avec passion, nous dit Augustin Thierry, comme le « moyen de devenir riches dans ce monde, et, dans « l'autre, convives des dieux... Une conquête exécutée « par de pareilles gens dut être sanglante et accompa- « gnée de cruautés gratuites : malheureusement les « détails manquent pour en marquer les circonstances « et les progrès. Cette pauvreté de documents est due « en partie à la conversion des Francs au catholi- « cisme, conversion très-populaire dans toute la

« Gaule, et qui effaça la trace du sang versé par les « nouveaux chrétiens orthodoxes » (1).

Ces conquérants sauvages et orgueilleux ne considéraient pas les vaincus comme leurs égaux. La loi salique, rédigée peu de temps après la conquête, assimilait le propriétaire romain au *lite*, c'est-à-dire au Germain de la dernière condition, et, dans le tarif des compositions, la vie du Romain est évaluée à la moitié de la vie du Franc.

Sans doute ils n'imposèrent pas leurs lois aux vaincus : ces fils des tribus errantes de la Germanie n'avaient pas l'idée d'un droit stable régissant tous les habitants d'un territoire, mais ils ne daignèrent pas s'occuper de la législation d'un peuple qu'ils considéraient comme inférieur; leurs rois ne firent pas composer de Code romain, comme les rois burgondes et visigoths. L'usage du droit romain fut conservé quelque temps encore après la conquête; mais chacun chercha à se soustraire à cette loi, devenue la loi du vaincu, et le droit des Francs devint bientôt la seule loi du nord de la Gaule.

C'est ainsi que s'établit, au point de vue du droit, cette division de la France en deux régions séparées par la Loire; au nord, les pays du droit coutumier, venu de la Germanie; au midi, les pays du droit écrit, venu de l'Italie; division qui a duré jusqu'en 89, et qui, aujourd'hui encore, dans notre matière spéciale de la réserve des descendants, lutte contre l'unité qu'a voulu lui imposer le Code civil.

Les deux droits se trouvent donc en présence; au nord, le droit germanique, tel qu'il est exposé dans les

(1) Lettres sur l'Histoire de France, VI.

lois saliques et ripuaires; pour lui, point de testament, seulement la donation à cause de mort, restreinte sans doute par une mince légitime en faveur des descendants; à son défaut, attribution du patrimoine à tous les enfants, en vertu du principe de la copro- es biens dans la famille.

Un privilége de masculinité existe cependant à l'égard de la *terra salica*, c'est la célèbre exclusion des filles, dont une interprétation abusive a eu en France une si considérable influence sur l'ordre des successions au trône.

Au midi, la loi romaine survit à Rome; la liberté testamentaire est admise avec la seule restriction de la quarte légitime; à son défaut, la succession *ab intestat*, basée sur l'égalité absolue.

Mais la distinction ne restera pas longtemps ainsi tranchée : l'Eglise, en propageant le droit romain; la féodalité, en multipliant les priviléges, vont rapprocher ces législations si disparates.

Le testament était le trait particulier de la législation du Midi; c'est l'Eglise, nous l'avons vu, qui l'avait fait adopter aux Burgondes et aux Visigoths; c'est aussi par elle qu'il sera communiqué aux Francs, presque dès leur arrivée en Gaule.

Voici en quels termes M. Pinard expose cette introduction du testament dans la société franque : « A partir du ve siècle, durant toute la période des invasions barbares jusqu'à l'époque de la féodalité, nous « voyons les testaments reçus par les clercs, rédigés « par eux, interprétés par leur juridiction, faire dans « toute l'étendue des Gaules de rapides progrès. Il n'est « d'abord chez les races nouvelles qu'un vœu, une « prière adressée par le mourant à ses héritiers ; il est

« ensuite une coutume sainte expiant par des legs pieux
« les fautes du défunt; il devient, enfin, le privilége
« légal d'un pouvoir sacré qui survit à l'homme pour
« continuer son œuvre. »

Au xe siècle, au moment où commence la féodalité, le testament était donc en usage dans toute la France, il devait même y être d'un usage bien fréquent, si nous en croyons le mot du moine Alaric, qui, ayant à définir la mort dans une conférence avec un fils de Charlemagne, l'appelait la confirmation des testaments.

Mais la faculté de tester était bien différente au Nord et au Midi.

Au Midi, elle n'était restreinte que par la légitime du droit romain. Au xe siècle, c'est encore le droit romain du bréviaire d'Alaric, du code théodosien qui est en usage; mais au XIIIe siècle, le droit de Justinien va être remis en lumière, c'est lui alors qui triomphera des autres textes qui avaient été en vigueur jusque-là; il a l'avantage d'être le plus clair, le plus complet de tous les monuments que le temps a épargnés, et ce seront les plus récents travaux de Justinien, les Novelles, qui seront appliquées. Ce sont elles qui, avec quelques légères modifications, régirent jusqu'en 1789 les pays du droit écrit; nous n'insisterons donc pas sur cette législation, que nous aurons tout à l'heure occasion d'étudier en traitant de la *querela inofficiosi testamenti.*

Au Nord, la faculté de tester était restreinte par la réserve coutumière d'abord, elle le fut ensuite par la légitime de droit.

Nous devons chercher l'origine de la réserve dans le

(1) Discours de rentrée sur la faculté de tester, 1862. Parmentier.

principe de copropriété de famille, qu'admettait l'ancien droit germanique; la féodalité continua et codifia cette institution, qui reçut, lors de la rédaction des coutumes, une organisation définitive.

Son but était de conserver une portion des biens dans les familles à titre héréditaire; mais elle ne s'appliquait qu'aux immeubles propres, les meubles et les acquêts restaient en dehors de ses dispositions.

La réserve ne restreignait que les libéralités testamentaires, elle ne s'appliquait pas aux donations entre-vifs; la raison de cette différence était, disait-on, que les donations entre-vifs étaient de droit naturel, tandis que les dispositions testamentaires étaient de droit civil. Les jurisconsultes trouvèrent, du reste, dans la règle : *donner et retenir ne vaut*, un moyen de protéger les familles contre les donations entre-vifs excessives. D'après ce principe, celui qui voulait avantager un étranger, devait commencer par se dépouiller lui-même; or, comme le dit Pothier, l'attache naturelle pour ce qu'on possède, et l'éloignement qu'on a pour le dépouillement, détournent les particuliers de donner. La variation des coutumes était grande; quant à la quotité de la réserve, dans la plupart cependant, celle de Paris, entre autres, elle était des quatre quints des propres.

La réserve était attribuée aux parents les plus proches du côté et ligne d'où provenait le bien; certaines coutumes, dites souchères, exigeaient, en outre, que le réservataire fût le descendant de celui qui avait mis le bien dans la famille.

Les collatéraux, même très-éloignés, recueillaient la réserve, s'ils étaient appelés à la succession *ab intestat*. Aucune faveur particulière n'était accordée à la proximité du degré, nous voyons même que les ascendants n'avaient pas droit à la réserve coutumière, aussi longtemps qu'ils furent exclus de la succession des propres par suite de la maxime : propres ne remontent.

A défaut d'héritiers de l'ester et ligne, d'où provenaient les propres, les héritiers ordinaires les recueillaient en vertu des règles de la succession *ab intestat;* mais ils n'avaient sur eux aucun droit de réserve, les libéralités testamentaires dont le défunt pouvait avoir grevé ces propres, n'étaient soumises à aucune réduction, même si elles dépassaient le cinquième.

Quant à sa nature, la réserve dans toutes les coutumes était regardée comme une portion indisponible de la succession *ab intestat.* Toutes les règles particulières, à la succession lui étaient donc applicables. Pour y avoir droit, il fallait joindre à la qualité de parents celle d'héritier; le renonçant ne pouvait en profiter ni par voie d'action, ni par voie d'exception. Les biens indisponibles étaient dévolus à tous les héritiers en masse; la part du renonçant venait donc accroître la part de ceux qui acceptaient. La réserve coutumière et la légitime de droit romain, bien qu'ayant toutes deux pour effet de restreindre la liberté testamentaire, étaient donc deux institutions bien distinctes; il est facile de voir leurs différences ; les voici telles que les donne M. Boissonade :

I. L'origine historique n'est pas la même : l'une est due au droit germanique et coutumier, l'autre au droit romain ; de là, leur non-signification de réserve coutumière et de légitime de droit.

II. Leur cause finale n'est pas identique : la réserve a pour but de conserver la situation sociale de la famille du défunt; le but de la légitime est plus modeste, c'est d'assurer la subsistance des plus proches parents.

III. Les personnes en faveur desquelles sont établis les deux droits ne sont pas les mêmes ; la réserve est due à tout parent successible; la légitime aux seuls descendants.

IV. Les biens affectés aux bénéficiaires sont différents; la réserve ne porte que sur les immeubles propres; la légitime porte aussi sur les acquêts et les meubles.

V. La nature des libéralités atteintes par les deux droits diffère aussi : la réserve ne limite, en général, que les dispositions testamentaires; la légitime atteint même les donations entre-vifs.

VI. La quotité des deux droits est différente : en droit commun, la réserve est des quatre cinquièmes des propres; la légitime est de la moitié de ce que l'enfant aurait eu, en l'absence de dispositions gratuites.

VII. Enfin, le principe que la qualité d'héritier est nécessaire pour prétendre aux avantages dont il s'agit n'est maintenu dans sa rigueur que pour la réserve, laquelle ne peut, ni par voie d'action, ni par voie d'exception, être acquise au successible renonçant; la légitime, au contraire, peut toujours être retenue par voie d'exception, c'est-à-dire par le légitimaire qui renonce, et peut s'en tenir aux dons ou legs qu'il a reçus du défunt.

Ces différences expliquent que ces deux institutions aient pu coexister dans la même législation. Nous savons, en effet, que la légitime de droit ne tarda pas à passer en pays de coutume.

Beaumanoir, après nous avoir dit qu'un testateur ne peut disposer que du quart de ses propres, ajoute qu'un pareil legs pourrait cependant être réduit, s'il ne restait pas assez dans les autres biens pour la subsistance des enfants.

Voilà bien le caractère en quelque sorte alimentaire de la légitime ; quant à sa quotité, elle reste d'abord indéterminée, elle a pour base le besoin des enfants. Mais un droit de cette importance exige une détermination plus précise, le grand coutumier de France fixe la légitime pour tous les enfants à la moitié des meubles et acquêts, indépendamment des quatre quints réservés des propres ; l'art. 298 la fixe à la moitié de la succession, c'est le taux qui fut le plus généralement adopté par les coutumes.

« La légitime, dit cet article, est la moitié de telle part et portion que chaque enfant eût eue en la succession desdits père et mère, aïeul ou aïeule, ou autres ascendants, si lesdits père et mère ou autres ascendants n'eussent disposé par donation entre-vifs ou dernière volonté, sur le tout déduits les dettes et les frais funéraires. »

Le passage de la légitime en pays de coutume, où elle rencontra la réserve, eut pour elle un premier résultat, elle ne fut plus qu'un secours subsidiaire.

« On ne réduit les donations pour la légitime de droit, dit Lebrun (*Succession*, LIVRE II, chap. 3), qu'après les avoir réduites pour la légitime coutumière des quatre quints, et qu'en cas que les enfants ne trouvent pas leur légitime dans ces quatre quints » Ajoutons que, toujours par l'effet de sa coexistence avec la réserve, la légitime n'était pas accordée généralement aux ascendants. Ceux-ci, nous le savons, n'avaient pas droit à la réserve, en vertu de la maxime : « Propre ne remonte ; » leur accorder une légitime qui aurait existé en même temps que la réserve des descendants, aurait eu pour effet d'anéantir presque complètement la faculté de disposer du testateur.

Mais faut-il aller plus loin? faut-il penser qu'en rencontrant en droit coutumier les deux principes : *Institution d'héritier n'a lieu*, et *la mort saisit le vif*, la légitime a complètement changé de nature, qu'au lieu d'être comme en droit romain une portion des biens à laquelle les descendants ont droit en leur qualité d'enfant, elle est devenue une portion de la succession *ab intestat*, à laquelle l'enfant n'a droit qu'en qualité d'héritier?

Fameuse question sur laquelle on dispute tant au palais, dit Lebrun.

Il s'agissait de savoir si, pour réclamer la réserve, il fallait être héritier.

Un parti considérable ne voulut pas admettre cette conséquence des principes coutumiers et prétendit que le caractère de la légitime était resté le même qu'en droit romain ; mais la doctrine contraire prévalut.

Dumoulin nous dit : « Apud nos legitimam habet, nisi qui hæres est, » et nous croyons que telle a été l'opinion du grand jurisconsulte, malgré certains passages de ses œuvres qui paraissent contenir un avis contraire et qui ont permis aux partisans des deux systèmes de chercher un appui dans son autorité.

L'opinion que la légitime n'est qu'une portion de la succession *ab intestat* et ne peut appartenir qu'à celui qui se porte héritier fut donc celle de la majorité des auteurs ; malheureusement ils en déduisirent une fausse conséquence : si la légitime est une portion de la succession, disent-ils, la chose retranchée devient le gage des créanciers de cette succession.

« Un inconvénient si notable, disait Ricard (Donation, n° 981), mérite bien que l'on cherche un remède « à ce mal pour tirer de pauvres enfants de deux ex- « trémités qui les empêchent de recouvrer cette der- « nière table du naufrage : ne pouvant, d'un côté, de- « mander leur légitime sans prendre la qualité d'héri- « tier, et ne pouvant, d'un autre, se dire héritiers, qu'ils « ne se rendent sujets aux dettes, en quoi il se découvre « une injustice que tous ceux qui aiment l'équité vou- « draient bien surmonter, puisque les créanciers qui « veulent charger leurs enfants de leurs dettes, s'ils « se disent héritiers, les empêchent, par cette rigueur, « de jouir d'un bien dont la privation, dans la personne « des enfants, n'apporte aucun profit aux créanciers, « et ainsi ils font un grand dommage dont ils ne res- « sentent aucun bien, de sorte qu'il n'y a qu'un tiers, « savoir : le donataire qui, regardant cette contradic- « tion sans y être engagé, en retient seul l'utilité au « préjudice des enfants. »

Pour éviter ce prétendu inconvénient, les auteurs eurent recours à différents expédients.

Guy-Coquille voulait que les enfants pussent se dire héritiers non pas simplement, mais héritiers seulement en leur légitime.

Lebrun autorisait le légitimaire à s'adresser directement aux donataires entre-vifs, même sans se porter héritier, lorsqu'il n'existait pas de biens dans la succession ou que les biens existants étaient absorbés par les dettes.

Pothier, nous le verrons, a parfaitement démontré que cet inconvénient était imaginaire : ces choses retranchées ne sont pas de la succession, dit-il, encore bien que le droit qu'a l'héritier de les obtenir soit attaché à la qualité d'héritier, ce n'est cependant pas un droit qu'il tienne du défunt, puisque le défunt ne l'a jamais eu, mais de la loi.

Quant à la question de savoir si le légitimaire renonçant peut retenir la réserve par voie d'exception, elle n'est pas controversée, l'article 307 de la coutume de Paris la résout affirmativement : « Néanmoins, ou « celui auquel on aurait donné se voudrait tenir à son « don, faire le peut, en s'abstenant de l'hérédité, la lé« gitime réservée aux autres. »

Lorsqu'un légitimaire renonçait, qui profitait de cette renonciation ? Les légataires et donataires ou les légitimaires acceptants ? Les légitimaires, puisque la la qualité de la légitime était fixe, plus leur nombre diminuait, plus leur part individuelle augmentait. N'oublions pas, cependant, que le renonçant pouvait retenir sa réserve par voie d'exception ; lorsqu'il renoçait *aliquo accepto*, il pouvait donc se faire que les autres légitimaires ne trouvassent aucun profit à sa renonciation.

L'Eglise, nous l'avons vu, en généralisant, l'usage du testament, avait rapproché les régimes successoraux du Nord et du Midi si différents à l'origine : la féodalité eut le même résultat en multipliant les privilèges par toute la France.

Plaçons-nous au moment où va commencer la Révolution. En droit coutumier, l'égalité entre les enfants était le principe des successions *ab intestat*, le respect de ce principe était poussé si loin, que bien peu de coutumes permettaient au père de faire un préciput à l'un de ses enfants, même dans la faible mesure de sa qualité disponible. Le plus grand nombre, celles de Paris entre autres, ne donnant dans ce cas à l'enfant avantagé que l'option entre la qualité de légataire ou d'héritier. D'autres, appelées coutumes d'égalité absolue, poussaient le scrupule plus loin encore et interdisaient formellement le don ou legs modifiant la succession *ab intestat*.

Mais en dehors des règles du droit commun, le droit d'aînesse survivait à la féodalité dont il était une conséquence, il n'était plus qu'une vaniteuse anomalie que l'orgueil aristocratique avait encore exagérée de toute façon.

Il avait eu sa raison d'être dans la nécessité de la défense du fief et dans le service militaire; il n'aurait donc dû ne s'exercer que sur le fief et n'exister qu'en faveur d'un héritier apte au service des armes; il s'était cependant étendu sur les biens qui n'avaient pas le caractère de fief; l'aîné n'avait pas seulement droit au principal manoir, il prenait encore une part avantageuse, généralement les deux tiers, dans les propres paternels.

En outre, dans les derniers temps de la monarchie, il arrivait fréquemment que des biens tenus noblement étaient acquis par des non-nobles qui prenaient de leur terre le titre de marquis ou de baron, sans être pour cela nobles; dans ce cas cependant, comme le droit d'aînesse dérivait du caractère de la terre non de la qualité de la personne, il était acquis à l'héritier apte à s'en prévaloir.

« L'esprit d'aristocratie foncière était descendu des « familles nobles au sein des familles bourgeoises, dit « Laferrière. On distingua entre les héritiers des pro- « pres et les hériters de acquêts; les successions des

« propres imitèrent en plusieurs cas les successions « des fiefs. »

Et il déclare un peu plus loin sans trop d'exagération, que, dans les coutumes, l'inégalité, le principe féodal et matériel de la force, était la base du droit de succéder (1).

Dans le Midi, les fiefs patrimoines des aînés étaient relativement peu nombreux, mais la liberté de tester était admise dans une très-large mesure, elle n'était restreinte que par la quarte légitime ; c'est elle qui permit au père de créer des aînés au moyen de donations et de substitutions dans les biens qui n'étaient pas nobles, car si la féodalité était surtout une institution des pays de coutume, les mœurs féodales s'étaient également répandues par toute la France.

L'inégalité entre les enfants était même plus générale au Midi qu'au Nord ; elle ne se rencontrait que dans les familles nobles et dans les riches familles bourgeoises qui avaient pu acquérir des seigneuries : au Midi, elle était admise dans toutes les classes de la société, même les plus humbles. Elle avait alors, bien entendu, un tout autre but que de satisfaire les vanités aristocratiques et de rehausser l'éclat du nom ; elle était souvent commandée par la nature du patrimoine ou les nécessités de la culture. Réglée par l'intelligente prévoyance du père de famille, elle était moins odieuse que dans les provinces du Nord, où le privilégié était choisi par une loi aveugle.

C'est ce qui explique que l'égalité ait eu tant de peine à s'établir dans le Midi et qu'il lutte encore contre la législation que nous allons voir la révolution imposer à toute la France.

(1) Histoire du droit français, p. 241 et 251.

DROIT NOUVEAU.

Le premier acte de l'Assemblée nationale relatif à notre sujet fut le décret du 15 mars 1790 abolissant les priviléges de mâle et d'aîné.

Il fut appliqué par celui du 8 avril 1791 qui proclama l'égalité des enfants dans la succession *ab intestat*. Ce second décret fut rendu après la lecture du discours posthume de Mirabeau, mais le grand orateur ne demandait pas seulement l'égalité dans la succession *ab intestat*, l'exemple du Midi lui montrait assez qu'elle ne suffisait pas pour supprimer les priviléges entre les enfants. Tant que subsistait la liberté de tester, l'orgueil paternel pouvait reconstituer les fiefs, patrimoine des aînés qui avaient disparu de la loi. C'était donc cette liberté même qu'il proposait de supprimer. Il aurait voulu que le père ne pût disposer que d'un dixième de son patrimoine et qu'il ne pût même pas laisser à un de ses enfants cette mince quotité disponible.

Tous les orateurs comprirent du reste que la liberté de tester était vraiment la question capitale qui devait décider de l'égalité ou de l'inégalité des enfants. Cette seconde proposition de Mirabeau fut l'objet d'une mémorable discussion qui occupa plusieurs jours.

Cazalès, dans une vue d'opposition au mouvement révolutionnaire, proposa d'étendre à tout le royaume la loi romaine sur les testaments ; l'exemple des provinces méridionales lui garantissait suffisamment que la liberté de tester laissée au père saurait annihiler le principe de l'égalité proclamé par la loi de la succession *ab intestat*.

Mais c'était justement cet exemple qui poussait Pétion à exclure la faculté de tester ; il voyait les fruits que cette liberté avait produits dans les pays de droit écrit et il jugeait de l'avenir par le passé.

Robespierre, lui aussi, voyait le danger, mais il n'exprimait pas franchement son aversion comme Pétion, il la déguisait et cherchait à l'expliquer par des raisons politiques et matérialistes.

« L'homme peut-il disposer de cette terre qu'il a cultivée, lorsqu'il est lui-même réduit en poussière ? »

C'est l'idée que nous avons vue exprimée par Platon. Le testament, c'est le prolongement de la volonté au-delà de la vie, *agitur de his per quæ morientes vitam sibi quasi producunt,* dit Emilius Ferretius, jurisconsulte du XVIe siècle. Platon et Robespierre n'admettent pas qu'un homme puisse prolonger sa volonté au-delà de la vie, puisqu'alors il n'est plus rien.

Tronchet, lui aussi, se plaça à un point de vue philosophique, il reconnut au législateur le pouvoir d'accorder ou de refuser le droit de tester : « Car, dit-il, si l'homme tient du droit naturel la faculté de transmettre entre-vifs ses biens comme il lui plaît ; la convention sociale est le seul titre du droit dont jouit l'homme social de transmettre ses propriétés après sa mort. »

Cette théorie repose, on le voit, sur la célèbre distinction entre l'homme à l'état de nature et l'homme à l'état de société.

Au milieu de ces graves controverses, l'Assemblée nationale, sentant que la loi sur les testaments et sur la quotité disponible tenait à tout l'ensemble des lois civiles, se reposa sur le principe qu'elle avait introduit dans les successions *ab intestat ;* elle ajourna la question testamentaire pour achever l'œuvre de la constitution et de la législation criminelle.

Les innovations de l'Assemblée nationale avait donc été bien timides, elle n'avait fait, en abolissant les priviléges d'aînesse et de masculinité que, tirer la conséquence de la nuit du 4 août. Elle n'avait touché ni aux substitutions, que Mirabeau dans son discours posthume avait dénoncées à l'esprit de réforme ; ni aux différentes espèces de succession qui tenaient aux distinctions des propres et acquêts, propres paternels et propres maternels, et qui étaient une conséquence, une dérivation médiate de la féodalité ; ni enfin au point le plus délicat de la matière : à la liberté de tester.

Ce fut l'œuvre de la Convention nationale qui s'engagea résolûment, trop résolûment même, dans la voie des innovations.

Elle abolit les substitutions par un décret du 14 novembre 1792 ; dans la loi du 17 nivose an II, elle régla avec ensemble la matière des donations et successions, elle supprima toutes les distinctions entre les propres et les acquêts, les propres maternels et paternels :

« La loi ne reconnaît aucune différence dans la nature des biens ou dans leur origine, pour en régler la succession. »

Les droits des enfants devaient être égaux dans la succession *ab intestat*. La Convention ne voulut pas qu'on pût déroger à cette égalité par des dispositions entre-vifs ou testamentaires.

Le droit de disposer fut restreint dans la mesure qu'avait indiquée Mirabeau ; la quotité fut d'un dixième si l'on avait des héritiers en ligne directe, et d'un sixième si l'on avait des héritiers collatéraux ; mais même dans cette limite on ne pouvait disposer en faveur d'un de ses successibles.

Le père ne fut pas seulement privé du droit de récompenser, la loi lui retira aussi le droit de punir ; la puissance d'exhérédation qui du droit romain s'était étendue au droit de toute la France lui fut retirée et remplacée par l'indignité telle qu'elle figure encore au Code civil.

La loi de nivose an II rencontra une résistance énergique. Ses auteurs avaient voulu lui donner un effet rétroactif depuis le 14 juillet 1789, ce qui fit naître une foule de réclamations ; aussi elle ne subsista pas longtemps et fut remplacée par la loi du 4 germinal an VIII. Cette loi permit de gratifier un des successibles au préjudice des autres et augmenta la quotité disponible ; le père put disposer d'un quart de ses biens s'il n'avait pas plus de trois enfants, d'un cinquième s'il en avait quatre, et ainsi de suite en comptant toujours, pour déterminer la portion disponible, le nombre des enfants plus un.

Le Code civil adopta le principe de cette quotité disponible, variable d'après le nombre des enfants, mais il augmenta un peu le chiffre. D'après l'art. 913, le père put disposer de la moitié de ses biens s'il ne laisse qu'un enfant, du tiers s'il en laisse deux, du quart s'il en laisse trois ou un plus grand nombre.

Ce système est-il à l'abri de tout reproche ? Comme nous l'avons dit en commençant, il est aujourd'hui assez vivement attaqué. Il a, dit-on, trop sacrifié la liberté du père à la protection de l'enfant, trop cherché à faire régner l'égalité dans la famille, et cela au détriment de sa stabilité, au détriment de l'autorité paternelle et des intérêts industriels et agricoles.

Voici les principaux arguments qu'on invoque en faveur de cette opinion.

Le législateur du droit nouveau, lorsqu'il imposa aux familles le partage égal, n'était pas armé de l'impartialité nécessaire à la confection d'une bonne loi, il n'était inspiré que par un étroit sentiment de haine contre l'influence aristocratique des grandes familles.

La preuve en est dans les discussions des assemblées révolutionnaires ; la preuve en est dans cette lettre intime que Napoléon écrivait, en 1806, à son frère Joseph, roi de Naples : « Etablissez le Code civil « à Naples, lui disait-il, tout ce qui ne nous est pas « attaché va se détruire alors en peu d'années, et ce « que vous voulez conserver se consolidera. Voilà le « grand avantage du Code civil. Il faut établir le Code « civil chez vous ; il consolide votre puissance, puisque « par lui tout ce qui n'est pas fidéicommis tombe, et « qu'il ne reste plus de grandes maisons que celles « que vous érigez en fiefs. C'est ce qui m'a fait prêcher « un Code civil, et m'a porté à l'établir. » Dans l'intention des législateurs, le partage forcé devait donc surtout avoir un résultat destructif, et à ce point de vue leur idée n'était pas nouvelle. La reine Anne, en 1703, en avait déjà fait usage contre les catholiques d'Irlande. Pour détruire leur influence dès la première ou tout au plus la seconde génération, le parlement eut recours à ce moyen doux, mais infaillible : il fit une loi d'après laquelle les biens des papistes devaient être nécessairement attribués par portions égales à tous leurs enfants.

Le gouvernement russe s'est servi de nos jours du même expédient pour restreindre l'influence des propriétaires nobles. La loi soumet au partage forcé les biens patrimoniaux et les titres de noblesse. Les résultats de ce système deviennent chaque jour plus apparents, dit M. Leplay, et plusieurs noms illustres sont maintenant représentés par des tribus de princes indigents.

Le droit nouveau a donc été égaré par sa passion égalitaire; il voulait prendre ses précautions contre les privilèges qu'il venait de détruire, mais il a tourné contre la société nouvelle les armes destinées à combattre l'ancienne. Il n'a pas pris soin, comme la reine Anne, ou le gouvernement russe, de n'appliquer le partage forcé qu'aux familles dont il voulait détruire l'influence ; il a fait une loi générale, les petits comme les grands propriétaires ont été atteints.

Cambacérès signalait déjà, en 1793, ce vice de la loi, et Portalis, dans les discussions du Conseil d'État, soutenant que le droit de tester était la sanction nécessaire de l'autorité paternelle, s'écriait : « Qu'on ne « dise pas que c'est là un droit aristocratique. Il est « tellement fondé sur la raison, que c'est dans les « classes inférieures que le pouvoir du père est le plus « nécessaire. Un laboureur, par exemple, a eu d'abord « un fils qui, se trouvant le premier élevé, est devenu « le compagnon de ses travaux. Les enfants nés de- « puis, étant moins nécessaires au père, se sont ré- « pandus dans les villes et y ont poussé leur fortune. « Lorsque ce père mourra, sera-t-il juste que l'aîné « partage le champ amélioré par ses labeurs avec des « frères qui déjà sont plus riches que lui? » Dans les provinces méridionales, qui sous la loi romaine ont joui si longtemps de la liberté de tester, où il était de tradition de faire un aîné, où la prévoyance du père créait des parts inégales dans l'intérêt de l'agriculture et de l'intégrité du domaine, l'effet destructif du droit nouveau s'est souvent fait sentir plus énergiquement chez les paysans que dans les familles aristocratiques. L'annexion de la Savoie en a donné un récent exemple; l'hypothèse entrevue par Portalis s'y est réalisée d'une façon frappante.

Sous la loi sarde, la portion disponible était des deux tiers lorsque le testateur avait un ou deux enfants, et de la moitié s'il en laissait un plus grand nombre ; de plus, les filles dotées étaient exclues de la succession de leurs parents. Le père avait donc à sa disposition un moyen efficace de retenir auprès de lui un ou plusieurs de ses fils par la possibilité de donner une part suffisante de son héritage à ceux qui l'avaient cultivé ; mais la mise en vigueur du Code français a modifié cette quotité. « Aujourd'hui, disait « en 1865 le *Courrier des Alpes*, journal de Savoie, « huit ans seulement après l'annexion, les efforts du « père de famille, appuyés par la promesse du quart « disponible, restent fréquemment sans effet, et les fils « partent à la recherche de salaires plus rémunéra- « teurs. Ils font et continueront de faire ce raisonne- « ment d'une exactitude évidente : Si nous restons à « travailler pendant dix ans, pendant vingt ans, le « patrimoine sera entretenu, augmenté par nos la- « beurs : puis, au moment de l'ouverture de la suc- « cession, les enfants sortis jeunes de la maison pa- « ternelle viendront prendre leur part dans le résultat « de notre travail. Travaillons pour notre compte ; « ayons un pécule particulier auquel nos frères ne « mordront pas, puis nous aurons notre part dans « l'hoirie commune. Il est fort possible qu'en théorie « la combinaison de 913 soit très-ingénieuse, mais

« ici, en Savoie, au milieu de la transition d'une loi à « l'autre, nous avons surpris le fait brutal, la vérité « aveuglante résumée en deux mots : la diminution de « la portion disponible a fait émigrer dans les villes « les jeunes cultivateurs. »

Ainsi désertion des populations agricoles, désorganisation des domaines ruraux, morcellement indéfini de la propriété, tels ont été les fruits certains du droit nouveau en matière de succession.

L'industrie et le commerce n'ont pas été plus ménagés. Notre régime de succession les frappe d'une infériorité irrémédiable : l'instabilité. « Il a défait peut-« être un million de fortunes, au moment où elles « commençaient à se faire. Le père fonde une indu-« strie et meurt ; tout est vendu et partagé ; la maison « ne survit pas à son maître. Un fils a du courage et « du talent : avec sa petite part du capital paternel, il « fonde une autre maison, réussit, devient presque « riche et meurt. Nouveau partage, nouvelle destruc-« tion ; tout à recommencer sur nouveaux frais ; un « vrai travail de danaïdes. L'agriculture en souffre, « l'industrie en souffre, le commerce en souffre, le « sens commun en rougit » (1). Nous retrouvons les mêmes idées dans une pétition adressée au Sénat en 1865 par 130 négociants ou fabricants.

« Autant le droit d'aînesse nous semble contraire à « l'équité naturelle et au sentiment de la nation, au-« tant la loi qui nous régit nous paraît un excès op-« posé, qui a pu avoir sa raison d'être temporaire, « mais qui devient de jour en jour une cause plus « marquée de préjudice et de dissolution pour les in-« térêts du pays.

(1) M. E. About, Le Progrès, p. 295.

« En effet, tandis que l'Angleterre, sous l'empire de « la liberté testamentaire, voit grandir et se perpétuer « chez elle des établissements qui accumulent les ca- « pitaux, la clientèle, les leçons de la pratique, tandis « que les fils des manufacturiers et des négociants « continuent l'œuvre de leurs ancêtres, que se passe- « t-il chez nous? Rarement l'œuvre du père est conti- « nuée par les fils. Dans la plupart des cas, le père a « été l'artisan de sa fortune, et le capital qu'il a amassé, « l'instrument de travail qu'il a créé, se trouve affai- « bli, disséminé, compromis ou perdu lorsque la vieil- « lesse ou la mort mettent fin à son action person- « nelle. C'est une force vive dont notre Code semble « avoir pris pour mission de briser les organes. »

« Si nous recherchons les causes les plus influentes « de résultats si opposés, nous sommes conduits à « constater que, en Angleterre et aux Etats-Unis « d'Amérique, les enfants contractent dès le berceau « des habitudes de respect et d'obéissance... Il nous « est interdit, par notre régime de succession, d'arri- « ver au même résultat. Chaque enfant, quels que doi- « vent être plus tard son intelligence ou son incapacité, « son énergie et sa paresse, ses vertus ou ses vices, naît « avec le droit de jouir, à une heure donnée, de la « fortune de son père, sans avoir eu besoin de rien « faire pour l'acquérir, l'augmenter ou la mériter. »

Malgré la gravité de ces objections, nous ne nous rangerons pas à l'opinion de ceux qui demandent soit la liberté de tester, soit même seulement l'extension de la quotité disponible.

En effet, à supposer que le mal soit réel, que le partage égal soit vraiment une cause de troubles de la société moderne, l'inanité du remède proposé est évidente.

Pour ramener dans nos mœurs l'inégalité des partages, c'est un régime de succession *ab intestat*, basé sur l'inégalité, qu'il faudrait demander ; ce n'est pas la liberté de tester même absolue, car elle resterait dans la loi à l'état de lettre morte ; la preuve en est dans le peu d'usage qui est fait aujourd'hui de la quotité disponible restreinte de l'art. 913.

C'est toujours, en effet, le régime de succession admis par la loi *ab intestat* qui finit, avec le temps, par prévaloir dans les mœurs ; la raison en est facile à comprendre.

La principale préoccupation du père de famille, écrivant ses dernières volontés, est d'attirer sur son nom et sur ses œuvres la reconnaissance de ses descendants ; il désire avant tout que cette volonté soit acceptée comme un acte de justice et d'amour, et ne puisse être un sujet de regret pour aucun de ses enfants. Il évitera donc, pour faire à l'un une part plus forte, d'enlever aux autres une partie de ce qu'ils auraient eu dans la succession *ab intestat* si le testament n'avait pas existé ; il éprouvera à user de la liberté de tester la même répugnance qu'il éprouve aujourd'hui à user de la quotité disponible. Les mœurs tendent donc invariablement à se rapprocher des préceptes de la loi qui s'imposent, par une véritable contrainte morale, comme le critérium du juste et du bien.

C'est ce qui se passe aujourd'hui dans les provinces du midi, où l'influence des lois égalitaires de la révolution fait de plus en plus tomber en désuétude l'usage des partages inégaux.

C'est ce qui se passe aux Etats-Unis, où la liberté

de tester est absolue, mais où la loi *ab intestat*, adoptée par la plupart des Etats, admet les enfants à exercer des droits égaux.

L'art. 913 nous paraît, du reste, une heureuse conciliation entre la liberté du père et la protection des enfants; le père peut disposer au moins du quart de ses biens, même en faveur d'un enfant; c'est une quotité importante et que les adversaires du Code semblent un peu trop oublier.

Nous voyons dans les travaux préparatoires qu'elle effrayait certains jurisconsultes et leur semblait presque un retour à l'ancien régime.

Lorsque la Cour de cassation eut à donner son avis sur le projet du Code civil, un conseiller fit cette observation :

« Un père ayant six enfants et 120,000 francs de biens, donnant le quart, 30,000 fr., à l'un des six, et lui laissant en outre son sixième, 15,000 fr. sur le reste, se trouve avoir fait un aîné possesseur de 45,000 fr. contre cinq frères n'ayant chacun que 15,000 fr. Cela excède évidemment ce qu'il faut pour récompenser et pour encourager le respect, les services, la piété filiale, ou pour réparer les disgrâces de la nature, et cela égale ou excède les anciens droits d'aînesse de presque toutes les coutumes, lorsqu'il n'y avait pas de biens féodaux (1). »

Le père trouve donc amplement dans l'art. 913 le pouvoir de récompenser ses enfants, pas assez grand sans doute pour récompenser le fils dont parlait Portalis, le fils qui est devenu le compagnon du père, qui a amélioré de ses labeurs le patrimoine commun pen-

(1) Fenet, t. II, p. 699.

dant que ses frères employaient leur travail à acquérir une fortune individuelle ; mais l'injustice dont souffre celui-là n'est pas une conséquence de notre régime de succession.

Il se trouve avoir travaillé pour ses frères autant que pour lui-même, mais il était facile de l'éviter, la loi lui en donne le moyen ; par une association sans fraude avec son père, il pouvait conserver pour lui seul le bénéfice de son travail.

La quotité de l'art. 913 serait aussi suffisante pour permettre au père de transmettre intégralement un établissement commercial ou un domaine agricole.

Cette instabilité dont on se plaint, c'est dans les art. 826 et 832 qu'il faut en chercher la cause, dans ces articles d'après lesquels chaque cohéritier peut demander sa part en nature des meubles et immeubles de la succession, et chaque lot doit se composer de la même quantité de meubles, immeubles, droits et créances.

Le remède, c'est dans l'amélioration du partage d'ascendant qu'on pourra le trouver.

Les partages d'ascendants devaient avoir pour effet de neutraliser les effets fâcheux du partage égal. « La division égale des biens, disait « Bigot-Préameneu, détruit les petites fortunes, un petit héritage coupé en parcelle n'existe plus pour personne ; si l'héritage demeure entier il reste un centre commun à la famille. Par le partage d'ascendant le père pourra éviter les démembrements et conserver à l'un des enfants l'habitation qui continue d'être l'asile commun. »

Aujourd'hui, après soixante-dix ans d'expérience, nous savons ce que vaut ce tempérament, tel qu'il est organisé, le partage d'ascendants est une des sources les plus abondantes de procès. Les mesures prises par le père de famille pour assurer le bonheur des siens ont souvent pour effet de les engager dans d'interminables luttes judiciaires, aussi cette dangereuse institution tend-elle de plus en plus à disparaître de la pratique.

La jurisprudence et la loi ont au sujet de ces partages des vices capitaux qui paralyseront toujours les prévoyantes dispositions du père de famille, ils ont été constatés par une foule d'éminents jurisconsultes, l'enquête agricole de 1866 a demandé leur suppression et une proposition de loi dans ce sens est en ce moment pendante devant l'Assemblée nationale. Nous n'avons donc plus à les signaler, espérons-le, qu'à titre de souvenir. Ils se ramènent aux trois points suivants :

1° Les art. 826, 832, dont nous avons indiqué la portée, s'appliquent à ces partages. Il en résulte que la disposition par laquelle un père attribue tous ses immeubles à un de ses enfants, en le chargeant de payer des soultes en argent à ses frères et sœurs, entache le partage d'une nullité absolue. Ces derniers peuvent attaquer le partage quand même ils l'auraient accepté.

2° Ces partages sont comme tous les autres soumis à la rescision pour cause de lésion de plus du quart, ce qui est fort juste ; mais, pour apprécier la lésion, la Cour de cassation décide qu'il faut se placer non pas au moment du partage, mais au moment du décès de l'ascendant. Les parts ont pu être égales à l'origine et ne devenir inégales que par suite d'une plus-value ou une moins-value accidentelle, peu importe, l'héritier à qui un lot aurait été attribué du consentement de tous, qui y aura consacré son travail et ses économies, qui l'aura considéré longtemps comme sa propriété, perdra tout le bénéfice des plus-values qu'il y aura réalisées.

3° L'action en rescision, soit pour cause de lésion, soit pour cause d'inobservation des art. 832-826, n'est prescriptible que par trente ans, délai beaucoup trop long lorsqu'il s'agit d'une opération aussi compliquée qu'un partage de succession, et qui met l'incertitude dans la propriété.

Voilà les trois imperfections qu'il faudrait faire disparaître de la loi pour permettre au père, au moyen du partage d'ascendant, de créer un établissement stable.

C'est également par ce partage qu'on remédiera au morcellement indéfini de la propriété, si tant est que le danger existe et que la propriété en France soit menacée de tomber en poussière. D'après la statistique des soixante années qui viennent de s'écouler, la crainte paraît chimérique. La propriété, en effet, obéit à deux tendances qui se modifient en sens inverse, mais qui jusqu'à présent semblent se neutraliser; si, d'une part, la loi de succession la fractionne sans cesse, d'autre part, l'amour naturel de l'homme pour la terre, le désir de s'arrondir, reconstituent les domaines agglomérés ; à tel point, qu'aujourd'hui, comme il y a soixante ans, la moyenne propriété occupe les deux tiers de la France. C'est également pour cette quotité que la moyenne propriété figure dans la division du sol anglais, c'est uniquement la répartition du troisième tiers qui constitue la grande différence entre la propriété anglaise et la propriété française : tandis que chez nous il se divise entre plusieurs millions de petits propriétaires, il forme en Angleterre le domaine de deux ou trois mille opulentes familles.

L'art. 913 est donc bien innocent des maux dont on le fait responsable ; le père y trouve un pouvoir de disposition suffisant pour la stabilité des familles, suffisant pour transmettre un établissement industriel, un domaine agricole ; même, dans une certaine mesure, l'influence et la situation sociale que donne la fortune, sans toutefois sacrifier les cadets à la splendeur du nom et à la vanité aristocratique de l'aîné.

L'autorité du père de famille y trouve une suffisante sanction quand il s'agit de récompenser.

S'agit-il de punir ? Le peut-être est le point faible du Code civil ; mais là aussi il serait bien difficile de faire mieux que lui. L'exhérédation pour cause déterminée, telle que l'entendaient le droit romain et l'ancien droit, il l'admet à peu près sous le nom d'indignité.

L'exhérédation, sans cause déterminée, serait dangereuse à admettre ; ce serait ouvrir la porte peut-être à tous les abus de l'ancien régime, qui avait fait de Mirabeau un si terrible adversaire de la liberte de tester.

En tout cas, cette insuffisance de la quotité disponible, à un point de vue tout particulier, ne saurait servir de prétexte à un changement complet du système du Code, et, si le seul défaut de l'art. 913 est de ne pas armer assez fortement la sévérité paternelle, n'est-ce pas le cas de dire avec Papinien : « Meritis « magis filii ad paterna obsequia proverandi ; » la puissance paternelle doit se traduire par des actes d'amour et de justice, non par des actes de colère et de ressentiment.

DROIT ROMAIN

DE LA

QUERELA INOFFICIOSI TESTAMENTI

La loi des Douze-Tables avait accordé au père de famille la faculté de tester sans la restreindre dans aucune limite. Nous avons vu les inconvénients d'une pareille liberté, en droit romain surtout, où les enfants étaient à tout âge sous la puissance de leur père, où tout ce qu'ils acquéraient était acquis au père.

La première restriction à cette liberté fut introduite par les prudents; ils voulurent que le père qui exhérédait ses enfants le déclarât au moins formellement.

Ce n'était qu'une formalité de plus imposée au testateur ; mais, dès le temps de Cicéron, qui y fait allusion dans ses harangues, les intérêts de la famille avaient reçu une protection efficace, grâce à une pétition d'hérédité spéciale, *la querela inefficiosi testamenti*, qui était accordée aux parents lorsqu'un testateur avait disposé de son patrimoine au moyen de libéralités contraires aux devoirs que lui imposaient les liens du sang.

CHAPITRE I.

ORIGINE ET NATURE DE LA *querela*.

Ce droit ne leur fut pas reconnu par une loi positive ; ce qui le prouve est le prétexte dont il leur faut colorer cette pétition d'hérédité pour la rendre recevable contre un testament régulier : ils allèguent la folie du testateur : véritable prétexte, ajoute le texte des Institutes, car s'il avait été vraiment fou, le testament serait nul.

Ceux qui agissent en vertu d'une loi n'ont pas besoin de recourir à de pareils subterfuges.

Il est vrai que la loi 4 au Digeste du titre *de inofficioso testamento*, est tirée d'après son inscription d'un commentaire de Gaïus sur une loi Glitia qui est restée complètement inconnue ; Cujas supposait que c'était là la loi créatrice de la *querela*, mais cette supposition hasardée n'a été admise par aucun autre commentateur.

Mais, si le secours de la *querela* n'a pas été accordé par une loi, l'a-t-il été par les prudents ou par le préteur ?

Par les prudents, sans doute ; la *querela*, en effet, n'est qu'une seconde application de l'idée de prudents qui avait fait exiger l'exhérédation formelle des héritiers siens.

La *querela inofficiosi testamenti* est une pétition d'hérédité ; la loi 8, § 16 (D. 5, 2), ne laisse pas de doute à cet égard :

« Si ex causa de inoffisiosi cognoverit judex, et pronunciaverit contra testamentum...., ipso jure rescissum est, et suus heres erit, secundum quem judicatum est. »

A chaque pas, dans ce même titre, les auteurs donnent à la *querela* le nom d'*hereditatis petitio* : Ulpien, dans la loi 8, § 8; Scævala dans la loi 20, Paul dans la loi 21, § 2.

Au titre de *bonorum possessione contra tabulas*, 37, 4, Tryphonius, dans la loi 20 pr., nous dit aussi : *ad hereditatis petitionem admittendus est ex causa inofficiosi querela.*

Enfin ce qui achève cette démonstration c'est que la *querela* est de la compétence des centumvirs (L. 10, 13, 17. D.), juridiction spéciale aux questions d'hérédité.

Mais elle différait, sous certains rapports, de la pétition d'hérédité ordinaire.

Ainsi, lorsqu'elle était admise, l'*heres scriptus* était considéré comme ayant été, jusqu'au moment de la sentence, propriétaire intérimaire de l'hérédité (L. 32, 5, 3), c'était lui qui avait l'action résultant de la stipulation d'un esclave héréditaire, et pour la transférer au *querelans* il y avait lieu de procéder à une *procuratio in rem suam.* C'est là une première différence avec la pétition d'hérédité ordinaire, en voici une seconde.

La *querela*, en même temps qu'elle tendait à une revendication d'hérédité, tendait aussi à la réparation d'une injure; le *querelans* ne cherchait pas seulement l'acquisition d'un héritage, il cherchait aussi la réparation solennelle et publique de son honneur compromis par une exhérédation injuste ; il pouvait même se faire qu'il ne recherchât que cet unique but, comme nous le verrons tout à l'heure.

Il résultait de là que la *querela* avait tous les caractères personnels qui sont particuliers à l'action d'injure.

Ainsi, lorsqu'un fils a la *querela*, elle ne peut, malgré lui, être intentée par son père (L. 8 pr., D. 5, 2).

Mais le fils peut l'intenter malgré son père (L. 22 pr., et § 1. D. 5, 2).

La *querela* ne passe pas aux héritiers, à moins que le défunt n'ait manifesté l'intention de l'exercer (L. 6, § 2, 7, 15, § 1. D. 5, 2).

Elle s'éteint par un certain délai.

Disons cependant que le caractère de réparation d'injure ne se trouve pas toujours dans la *querela*; ainsi la loi 27, § 4 (D. 5, 2), l'accorde à celui qui a été omis par erreur.

C'était là, du reste, une *querela* toute spéciale ; elle ne faisait tomber ni les affranchissements ni les legs (L. 28, D. 5, 2) et elle n'était accordée qu'à la dernière extrémité ; ainsi, d'après la loi 3 au Code (3, 28), si les institués sont les autres enfants du testateur, on fait concourir l'enfant omis par erreur avec ses frères et sœurs pour une part virile ; c'est une théorie semblable à celle du *jus accrescendi* admis par le droit civil au profit des filles ou petits-enfants omis dans le testament du père sous la puissance duquel ils se trouvaient.

Quoi qu'il en soit, ce caractère particulier d'injure a été le principal argument des auteurs, qui n'ont voulu voir dans la *querela* qu'une action personnelle préparatoire à la pétition d'hérédité, analogue à l'action *ad exhibendum*, action personnelle préparatoire à la revendication.

D'après la loi 22 (D. 5, 2), disent-ils, un fils de famille peut intenter la *querela* malgré son père; mais, dans cette hypothèse, ce n'est pas une pétition d'hérédité qu'il intente; l'hérédité ne peut lui être acquise, car il n'est pas *sui juris*, il ne cherche que la réparation de l'injure qu'il a reçue, la *querela* n'est donc autre chose qu'une pétition d'hérédité.

Cet argument ne saurait nous convaincre pour prouver que la *querela* n'est pas un *petitio hereditatis*, il s'appuie sur une espèce exceptionnelle, sur une conséquence particulière de la puissance parternelle en droit romain; ne pourrait-on pas, par un argument semblable, tiré de la loi 27, § 4 (D. 5, 2), dont nous parlions tout à l'heure, prétendre en sens inverse que la *querela* n'est pas une action en réparation d'injure?

Pour décider une question générale, il ne faut pas se placer dans une espèce particulière, et nous avons fourni plus haut des arguments qui ne permettent pas de douter que la *querela* ne soit une pétition d'hérédité.

C'était généralement par voie d'action que s'exerçait la *querela*; elle pouvait cependant se présenter par voie d'exception. La loi 8, § 13 (D. 5, 2), nous en donne un exemple : le fils exhérédé se trouve en possession de l'hérédité; les héritiers inscrits ont laissé passer le délai pour demander la *bonorum possessio*, ils n'ont donc pas l'interdit *quorum bonorum* et sont obligés de recourir à la pétition d'hérédité; le fils exhérédé leur oppose alors la *querela* à titre d'exception.

Elle pouvait même peut-être se présenter à l'état de réplique; dans ses sentences (4, 5, § 4), Paul nous dit : *Qui inofficiosum dicere* NON *potest, hereditatem petere non prohibetur.*

Tel qu'il est, ce texte ne signifie rien ; aussi Cujas pense que le NON doit être suprimé ; le texte signifierait alors que celui qui a la *querela* peut, s'il le préfère, intenter la *petitio hereditatis* ordinaire, et, qu'à l'exception tirée du testament, il opposera la réplique tirée de l'inofficiosité.

CHAPITRE II.

QUELS TESTAMENTS POUVAIENT ÊTRE ATTAQUÉS PAR LA *querela* ? PAR QUI ÉTAIT-ELLE INTENTÉE ? CONTRE QUI ÉTAIT-ELLE DIRIGÉE ?

§ 1. *Quels testaments pouvaient être attaqués par la querela ?*

En principe, tous les testaments peuvent être attaqués par la *querela*. Une exception existe cependant : le testament d'un *paterfamilias* militaire qui meurt au plus tard dans l'année *post missionem* ne peut jamais être attaqué ni rescindé comme inofficieux. (L. 8, § 4. D. 5, 2.)

Le fils de famille peut également disposer de son pécule *castrans*, soit par testament militaire, soit par testament ordinaire, sans avoir à craindre la *querela*. (L. 24, C. 3, 28.)

Le pécule *quasi-castrans* obtient la même faveur en 531, quand Justinien donna aux fils de famille le droit d'en disposer par testament. (L. 37, § 1. C. 3, 28.)

Mais, dès que le vétéran devenait *paterfamilias*, il perdait cette immunité, quand bien même son patrimoine ne se serait composé que de son ancien pécule (L. 8, § 3. D. 5, 2) ; car avoir un pécule et être *sui juris* sont deux qualités incompatibles. Ajoutons qu'on ne pouvait attaquer comme inofficieux que le testament de celui qui l'avait fait lui-même.

Ainsi, d'après la loi 8, § 5 (D. 5, 2), on ne pouvait attaquer une substitution pupillaire, mais la substitution pupillaire contenue dans le testament tombait avec ce testament lorsque la *querela* était admise. (Inst. 2, 16, § 5.) Toutefois, pour qu'il en fût ainsi, il fallait que le testament fût rescindé pour le tout ; lorsque la rescision n'était que partielle, la substitution restait valable pour le tout. (L. 8, § 5. D. 5, 2).)

§ 2. *Qui pouvait intenter la* querela?

« Sciendum est frequentes esse inofficiosi querelas, « dit Ulpien dans la loi 1 de notre titre (D. 5, 2) ; « omnibus enim tam parentibus quam liberis de inof- « ficioso licet disputare. »

Nous allons voir dans quelle mesure s'applique cette proposition d'Ulpien.

La première condition pour intenter la *querela* est d'avoir droit à la succession *ab intestat* à laquelle la chute du testament va donner ouverture. C'est une application du principe général que, pour intenter une action, il faut y avoir intérêt.

La loi 6 § 1 (D. 5, 2,) expose ce qui se passe lorsque le *querelans* triomphant ne remplit pas cette première condition. Il faut supposer que l'*heres scriptus* n'a pas opposé au *querelans* le moyen de défense tiré de ce qu'il n'est pas en ordre utile pour succéder *ab intestat*, dans ce cas, l'*heres scriptus* sera bien obligé de remettre l'hérédité au *querelans ;* mais celui-ci sera sous le coup de la pétition d'hérédité des véritables héritiers *ab intestat*. Toutefois, d'après la loi 25, § 1 (D. 5, 2,) il serait à l'abri de cette pétition s'il n'avait obtenu la *querela* que contre un héritier inscrit ; dans ce cas le testament tient encore partiellement, ce qui suffit pour que le *paterfamilias* ne soit pas réputé mort intestat et pour écarter la simple pétition d'hérédité des héritiers naturels.

Pour intenter la *querela*, il faut donc avoir droit à la succession, mais peu importe la façon dont on y est appelé, que ce soit par le droit civil ou par le droit prétorien, par le sénatus-consulte orphitien ou par les constitutions impériales, comme nous allons le voir.

Si *le querelans* n'est appelé à la succession que par le droit prétorien, il devra, avant d'intenter son action, obtenir la *bonorum possessio litis ordinandæ gratia.*

Très-vraisemblablement, la *querela* ne fut d'abord accordée qu'aux descendants héritiers siens ; le motif invoqué pour leur accorder ce droit fut celui qui déjà avait fait admettre pour le père l'obligation de les exhéréder formellement, le principe de la copropriété des biens dans la famille.

Par la suite, on admit une idée plus large ; c'était, pensait-on, un devoir pour l'ascendant de laisser sa fortune à ses descendants, et on accorda la faveur de la *querela*, même à ceux qui pouvaient être exclus par une simple omission, aux enfants contre le testament de la mère, des ascendants maternels ou des ascendantes paternelles. Toutefois, cette dernière *querela* s'exerçait rarement avant que le sénatus-consulte orphitien, rendu sous Marc-Aurele, eût reconnu à l'enfant, en cette qualité, des droits à la succession de sa mère; jusqu'à cette époque, l'enfant n'était appelé à la succession de sa mère que dans l'hypothèse assez rare où elle était *in manu* de son mari et par conséquent *loco sororis* vis-à-vis de ses enfants, ou par le préteur au moyen de la *bonorum possessio unde cognati*.

Cette *querela* contre le testament de la mère appartenait à tous les enfants, quels qu'ils soient, *justi, naturales*, ou *spurii*. (L. 29, § 1. D. 5, 2.)

La loi 6 p. (D. 5, 2) prend soin de nous dire que le posthume a aussi la *querela* contre le testament de ceux dont il était *heres suus vel legitimus*. Rien là que de très-naturel, puisque le testateur pouvait disposer en faveur de ce posthume. Mais la loi ajoute qu'il peut aussi quereller le testament de ses cognats; de sa mère, par exemple, s'il a été mis au monde par l'opération césarienne, ou de son grand-père paternel, dans une hypothèse que nous trouvons au Digeste (L. 1, § 12. 37, 9). Un père a donné son fils en adoption, ce fils meurt *in adoptiva familia*, laissant sa femme enceinte; l'enfant à naître sera posthume cognat de son grand-père en cas de prédécès de celui-ci.

Ulpien, à cette occasion, se demande comment le descendant posthume qui n'est pas héritier sien peut se plaindre de n'avoir pas été institué, puisque le testateur ne pouvait l'instituer.

Le testateur ne pouvait donc faire un testament valable?

Ulpien répond lui-même à l'objection. Il est vrai que l'institution du posthume n'eût pas été valable aux yeux du droit civil, mais le droit prétorien serait venu résoudre cette difficulté ; en vertu de la partie de l'édit: *de ventre in possessionem mittendo* (L. 1, § 12. D. 37, 9), le posthume eût été envoyé provisoirement en possession et aurait ensuite obtenu la *bonorum possessio secundum tubulas* que lui accordent formellement les Institutes. (L. 3, T. 9, pr.)

On fait à cette explication une grave objection tirée des textes : Non, dit-on, le posthume externe ne peut rien recueillir du testament ni à titre d'héritier, ni à titre de légataire, ni à titre de fidéicommissaire, ni à titre de *bonorum possessor*.

Quant aux trois premiers de ces titres, il ne peut y avoir de controverse, Gaïus (*Commentaire* n° 287) nous dit qu'il ne pouvait être ni héritier ni légataire, et qu'Adrien lui a également interdit d'être fidéicommissaire. Mais il ne peut davantage être *bonorum possessor*, car Ulpien nous dit au Digeste (L. 12, § 1, 37, 1) : « Ubicumque lex, vel senatus, vel constitutio capere hereditatem prohibet : et bonorum possessio « cessat. »

Plusieurs explications de cette difficulté ont été proposées : nous allons les examiner rapidement.

Première conciliation. La *bonorum possessio secundum tabulas* était en principe refusée au posthume externe ; exceptionnellement, en vertu de la loi 6, D., 5, 2, elle était accordée au posthume externe descendant cognat du testateur, pour qu'il puisse, à l'aide de ce titre de descendant, intenter la *querela inofficiosi testamenti*.

Mais la distinction sur laquelle repose cette conciliation n'existe nullement dans les textes. Dans le Commentaire II, n° 287, Gaïus ne fait aucune distinction entre le posthume externe descendant cognat et les autres posthumes externes ; par conséquent la loi 12, § 1, D., 37, 1, est applicable sans distinction à tous les posthumes externes et s'oppose à ce qu'ils reçoivent la *bonorum possessio*.

Deuxième conciliation. Le sénatus-consulte d'Adrien n'aurait pas existé longtemps et aurait été abrogé du vivant même de Gaïus. La preuve en serait dans la loi 5, § 1, du titre *De rebus dubiis* (D., 34, 5), tirée de Gaïus lui-même et ainsi conçue : « Si tibi et posthumo « suo *vel alieno* hereditatem restituere quis rogave- « rit. »

Si ce texte était authentique, il faudrait reconnaître que la règle du sénatus-consulte d'Adrien, qui avait prohibé le fidéicommis en faveur des posthumes externes n'existait déjà plus du temps de Gaïus, mais il est prouvé que les mots : *vel alieno* ont été ajoutés par les compilateurs byzantins.

En effet, la loi 5, § 1 (D., 34, 5) fait corps avec la loi 6 tirée de Mæcianus et ainsi conçue : « Vel ex parte te, « et ex parte posthumum heredem instituisset, lega- « tumve similiter vel fideicommissum dedisset... »

Le texte pris à la lettre signifie donc : « Si quel- « qu'un a chargé son héritier de restituer son hérédité « à vous et à un posthume, soit sien, *soit externe*, ou « bien vous a institué vous, et le posthume chacun « pour une part de son hérédité, ou bien enfin vous a « fait à vous et au posthume un legs ou un fidéicom- « mis... »

Il est bien évident que les mots : *soit externe* ont été interpolés et qu'il ne peut s'agir que d'un posthume sien, puisqu'on suppose une institution d'héritier ou un legs fait en faveur du posthume et que de pareilles dispositions n'ont jamais pu s'adresser à des posthumes externes.

Troisième conciliation. Ce que la loi 12, § 1 (D., 37, 1) défendait au préteur, c'était de donner la *bonorum possessio* en dérogeant à une règle posée dans un monument législatif, mais elle ne lui défendait pas de déroger à un principe qui ne résulte que de l'interprétation des prudents.

Or, Gaïus, au n° 287 de ses Commentaires (liv. II), nous dit qu'à l'imitation de la règle qui défendait d'instituer héritier un posthume externe ou de lui faire un legs (règle qui n'était écrite dans aucun monument législatif), le sénatus-consulte d'Adrien a décidé qu'un fidéicommis ne pourrait être laissé à un posthume externe; donc le préteur a pu, sans se mettre en contradiction avec la loi 12, § 5 (D., 37, 1), accorder la *bonorum possessio corrigendi juris civilis gratia* au posthume externe, puisque ainsi il dérogeait à un principe qui n'était pas posé, mais seulement développé par un monument législatif.

Cette distinction entre un principe posé et un principe développé par un monument législatif, paraît bien subtile en présence des termes du Commentaire de Gaïus : « Sed senatusconsulto quod, auctore divo « Hadriano, factum est, idem in fideicommissis, quod « in legatis hereditatibusque constitutum est. »

Nous préférons donc nous rallier à la quatrième conciliation.

Quatrième conciliation. On admet que *capere*, dans le texte d'Ulpien, fait allusion au *jus capiendi* dont les lois caducaires privaient certaines personnes. La loi ne veut donc pas dire qu'il n'y a pas de *bonorum possessio emendandi veteris juris gratia*, ce qui serait en contradiction avec les Institutes (L. 3, T. 9, pr.), mais que celui qui est privé de l'hérédité par les lois caducaires est également privé de la *bonorum possessio*.

Quant à l'enfant adoptif, avant Justinien, il avait la *querela* contre le testament de son père adoptif, puisqu'il avait dans sa famille la situation d'un héritier sien; mais, tant qu'il restait dans cette famille, pouvait-il quereller le testament de son père naturel?

Papinien pense que non; mais ce principe ne paraît pas avoir prévalu sans résistance. La fiction d'après laquelle l'adopté était étranger à sa famille naturelle plia quelquefois devant des circonstances de fait : la pauvreté de l'adoptant par exemple; c'est au moins ce que décidait encore Marcien à la fin du second siècle. (L. 10, *pr. de adoptione*, 8, 48, C.)

Sous Justinien une distinction est nécessaire : « Secundum nostræ constitutionis divisionem, adoptati « de inefficioso testamento agere possunt, » disent les Institutes. Il s'agit de la constitution d'après laquelle l'adoption ne produit plus ses effets que lorsque l'adoptant est un ascendant; dans tout autre cas, l'adopté a toujours la *querela* contre le testament de son père naturel en qualité d'*heres*, mais jamais contre celui du père adoptif.

Dioclétien permit aux femmes d'adopter, avec autorisation du prince (L. 5, C., *De adoptione*); l'enfant adopté en vertu de cette permission spéciale avait-il la *querela*?

Pothier pense que non; mais l'affirmative semble bien ressortir des termes de la constitution des empereurs : « Et eum perinde atque ex te progenitum, ad « vicem naturalis legitimique filii habere permitti- « mus, et par *a contrario* des mots : « Sine jussu prin-

« cipis, » qui ont été interpolés dans la loi 29, § 3 (D., 5, 2).

A défaut de descendants, la plainte d'inofficiosité est accordée aux ascendants. Le motif de cette faveur ne peut être que la réciprocité d'affection et de devoir qui doit exister entre le père et les enfants; l'idée de copropriété ne peut plus être invoquée; c'est probablement ce qu'a voulu exprimer Papinien dans la loi 15 pr. (D., 5, 2). Pour qu'il y ait lieu à cette *querela*, il faut supposer d'abord que le descendant est *sui juris*, car jusque-là il n'a pas de patrimoine, partant il n'y a lieu ni à succession, ni à testament; il peut, il est vrai, tester sur son pécule *castrans*, mais nous avons vu que, par une faveur spéciale, la disposition du pécule *castrans* ne peut être attaquée par la *querela*.

Il faut en second lieu supposer que l'ascendant est appelé à la succession *ab intestat*. Il y sera appelé par la *bonorum possessio*, soit *unde legitimi*, soit *unde cognati*, soit *unde decem personæ*, par laquelle le préteur préférait les dix plus proches cognats au *manumissor extraneus*, qui avait la *possessio unde legitimi*. Le père naturel a la *querela* contre le testament de son fils donné en adoption, la loi 30 a cru devoir le dire ; toutefois il ne pourra que rarement user de ce droit. Bien entendu, il faudra d'abord que l'enfant ne soit pas sous la puissance de son père adoptif; mais, alors même qu'il serait *sui juris*, il s'en faudra de beaucoup que le père naturel ait toujours droit à sa succession. L'est-il devenu par son élévation à certaines dignités, par la mort ou la *capitis deminutio* de l'adoptant? Dans ce cas, les agnats qu'il a trouvés dans sa famille adoptive conservent cette qualité et priment le père naturel. L'est-il devenu par émancipation? Dans ce cas, si le père adoptif l'a émancipé avec clause de fiducie, il vient en qualité de patron et est préféré au père naturel. Celui-ci ne sera donc appelé à la succession et ne pourra par conséquent intenter la *querela* que lorsque l'ordre des cognats sera appelé, ou lorsque l'enfant adoptif aura été émancipé sans clause de fiducie. Dans ce cas, le père naturel est préféré au *manumissor extraneus*, en vertu de la *bonorum possessio unde decem personæ*.

La mère a aussi la *querela* lorsqu'elle est appelée à la succession *ab intestat*; la loi 17 (C. 3, 28) fait l'application d'un de ces cas : un testateur a institué sa sœur agnate et omis se mère. La mère, d'après le sénatus-consulte Tertullien, serait appelée à la moitié de la succession *ab intestat;* elle peut donc intenter la *querela* pour moitié ; mais, s'il y avait un frère agnat, la mère ne pourrait intenter la *querela;* car alors la succession *ab intestat* serait dévolue au frère et à la sœur pour le tout.

La *querela* est aussi accordée aux collatéraux. La loi 27, C. 3, 28 l'accorde à tous les frères et sœurs consanguins *durante agnatione vel non*.

En rapprochant cette loi de la constitution dont elle n'est que la reproduction amplifiée (l. 1, C. Théod. II, 19), on voit que Justinien a étendu ce droit de deux façons : en l'accordant à la sœur et en n'exigeant plus l'agnation. Avant lui, le collatéral mâle et agnat du défunt pouvait seul l'intenter.

Les frères et sœurs sont les seuls collatéraux dont la *querela* soit admise. Ulpien donne aux autres le conseil de ne pas même essayer de l'intenter, s'ils veulent s'épargner des dépenses inutiles. (L. 1.)

Mais cette *querela* se distingue profondément de

celle des descendants et ascendants, elle n'est donnée que contre un institué qui est un *turpis persona*. (L. 27, C. 3, 28.)

L'idée sur laquelle elle repose n'est plus cette réciprocité d'affection et de devoir entre parents que nous avons vue être le motif de la *querela* ordinaire ; c'est probablement l'idée que les biens du défunt ont été autrefois la copropriété du collatéral, alors que l'un et l'autre étaient encore sous la puissance de l'auteur commun ; cette conjecture semble expliquer pourquoi, avant Justinien, cette *querela* était accordée aux seuls agnats.

Deux textes dans notre titre, la loi 24, tirée d'Ulpien ; la loi 31, § 1, tirée de Paul, parlent de cette condition spéciale mise à la *querela;* mais, d'après Ducaurroy, ces textes auraient été interpolés et la condition spéciale imposée par la constitution de Constantin insérée au Code Théodosien. (L. 1, L. II, I, 19.)

D'après cette constitution, les altérations de l'*existimatio* se rangent en trois classes : « Si scripti he-« redes infamiæ, vel turpitudinis, vel levis notæ ma-« cula adspergantur. »

L'*infamia* provient de deux sources : ou bien elle frappe les personnes à cause de certaines professions, de certains actes honteux expressément désignés, ou bien elle est la conséquence d'une condamnation encourue.

La *turpitudo* a lieu dans le cas où la loi ni le préteur ne prononcent l'infamie ; mais où les mœurs, plus susceptibles que le droit écrit, frappent l'*existimatio* d'une tache, à cause de la turpitude de la vie ou de la profession.

La *levis nota* entache les affranchis et les enfants de ceux qui se livrent à l'art théâtral.

D'après la loi 31 (D. 5, 2), Paul résout une question qui a été l'objet de vives controverses : « Si is qui ad-« mittitur ad accusationem nolit, aut non possit ac-« cusare, an sequens admittatur, videndum est: et pla-« cuit posse : ut fiat successioni locus. »

Dans la loi 14, Papinien fait l'application de ce principe. C'est une conséquence de la nature de la *querela* qui est une pétition de l'hérédité, dont l'effet est de faire considérer comme ouverte la succession *ab intestat*.

Mais voilà que, d'après la loi 34, C., lorsque le testateur a exhérédé son fils, omis son petit-fils, et que le fils meurt avant d'avoir pu intenter la *querela*. Justinien accorde au petit-fils la *querela* de son père : sans cela, ajoute la loi, il serait privé de tout secours : *Omne adjutorium nepotem dereliquit*.

Mais, grâce à la dévolution, n'avait-il pas la *querela* de son chef? N'est-ce pas là un *adjutorium* aussi efficace que possible? A quoi bon lui transmettre le droit de son père? Cette difficulté n'est qu'apparente ; elle provient d'une fausse idée de la dévolution ; plusieurs solutions ont cependant été proposées pour la résoudre.

Quelques auteurs ont été jusqu'à prétendre que le principe de la dévolution n'avait jamais existé, ou du moins n'était plus admis sous Justinien en matière de *querela*.

D'autres plus nombreux ont proposé avec Vinnius et Pothier cette conciliation : le petit-fils a toujours pu intenter la *querela* en son nom personnel. Voilà ce que veulent les textes de Paul et de Papinien, et ce qui n'est pas contraire à la loi 34, C.; car Justinien n'a eu en vue que le petit-fils dont la *querela* ne serait pas recevable; celui-là était bien privé de tout secours avant que l'empereur lui eût accordé le droit d'intenter la *querela* de son père.

Mais alors Justinien a donc fait une constitution tout exprès pour assurer au petit-fils indigne la succession de son grand-père dont il était précédemment privé?

Cette interprétation serait bien difficilement admissible, mais il n'est pas nécessaire d'y recourir pour expliquer la loi 34 C.; dans l'hypothèse de cette loi, le petit-fils était bien sans secours, ou du moins presque sans secours avant Justinien, malgré la dévolution.

En effet, pour profiter de la dévolution, il faut avoir eu un droit personnel à la succession au moment où elle s'est ouverte, au moment de la mort dans notre espèce, droit qui n'a été paralysé que par la présence de celui *qui nolit aut non possit accusare.*

Or, au moment de la mort du grand-père, le petit-fils n'avait aucun droit à la succession, puisque son père représentait l'ordre des héritiers siens, et que, dans les successions légitimes, la dévolution d'un degré à un autre n'est pas admise, il ne recevait donc du droit civil aucun secours.

Était-il plus favorablement traité par le droit prétorien, se demande M. Labbé (*Revue pratique*, année 1858, p. 214)?

« Il ne pouvait prétendre à la *bonorum possessio con-*
« *tra tabulas*, parce que son père avait été exhérédé,
« et que lui-même n'était pas au rang d'héritier sien.
« L'édit n'offrait aussi la *bonorum possessio unde liberi*
« qu'à l'héritier sien et à celui qui, sans une émanci-

« pation, aurait eu cette qualité. Restait la *bonorum* « *possessio unde cognati*. Mais elle était primée par « plusieurs ordres de successeurs et dans l'ordre des « cognats, la proximité du degré de parenté était une « règle absolue.

« Le petit-fils au second degré était menacé d'exclu- « sion par un agnat ou par un cognat plus proche.

« En résumé donc, le petit-fils, dans notre espèce, « n'était pas capable de devenir héritier légitime, et « il avait peu d'espoir d'obtenir une *bonorum posses-* « *sio* utile, et, par ce moyen, d'être reçu à critiquer le « testament. »

Justinien a donc pu dire, sans se mettre en contradiction avec les textes qui proclament les principes de la dévolution : *Omne adjutorium nepotem dereliquit.*

§ 3. — *Contre qui était dirigée la* querela ?

C'est généralement contre l'héritier institué que s'intente la *querela* ; il peut se faire cependant que d'autres que l'institué aient reçu à un titre quelconque tout ou partie de l'hérédité ; c'est alors contre eux qu'est dirigée la plainte. Les textes nous en donnent plusieurs exemples.

Ainsi la loi 16, § 1 (D. 5, 2), dont nous avons déjà parlé, suppose un fils émancipé avec clause de fiducie qui exhérède sa fille et omet son père, ce dernier obtient pour partie la *bonorum possessio contra tabulas*, c'est donc en partie contre lui que la fille exerce la *querela*. De même la loi 20 *præ.* au titre de *bonorum possess. contra tabulas* (D. 37, 4), suppose un fils en puissance exhérédé et un fils émancipé omis, l'émancipé obtint la *bonorum possessio contra tabulas*, c'est contre lui que l'exhérédé intente la *querela*.

La loi 1 (C. 3, 28) suppose que l'héritier institué a remis l'hérédité à un fidéicommissaire; c'est alors contre le fidéicommissaire que s'intente la *querela*.

La loi 10 (C. 3, 28) suppose qu'une portion de l'hérédité a été attribuée au fisc comme caduque en vertu des lois Julia et Papia. Poppea, c'est dans ce cas contre le fils que s'intente la *querela*.

Quoiqu'elle ne s'intente pas contre les légataires et fidéicommissaires, la *querela* a cependant pour eux le plus grand intérêt, puisqu'elle a pour effet de faire tomber le testament avec toutes ses dispositions. Aussi la loi 29 (D. 5, 2) leur permet-elle d'intervenir au procès et même d'en appeler.

CHAPITRE III.

DES CONDITIONS QU'EXIGE LA *querela* POUR ÊTRE ADMISE.

Trois conditions sont nécessaires pour pouvoir intenter la *querela* avec succès.

— N'avoir aucun autre moyen d'arriver aux biens laissés par le *de cujus*.

— Ne pas avoir mérité l'exhérédation ou l'omission.

— Ne pas avoir reçu sa légitime.

PREMIÈRE CONDITION : *N'avoir aucun autre moyen d'arriver aux biens laissés par le de cujus.*

« Ita demum de inofficioso agere possunt, si nullo « alio jure ad defuncti bona venire possunt ; » disent les *Institutes* (L. 2, t. 18, § 2).

La loi 8 § 15 (D. 5, 2) fait l'application de ce principe au cas où un adrogé *impubère* est ensuite exhédéré par l'adrogeant; il n'a pas la *querela*, car il y a un autre moyen d'arriver aux biens du défunt; le quarte antonine qu'il demande par l'action *familiæ erciscundæ utilis*.

Ulpien à ce sujet se pose une question; l'adrogé a intenté la *querela*; on a négligé de le repousser par cette objection préalable, et il succombe au fond, aura-t-il encore la ressource de demander la quarte antonine?

La raison de douter c'est que celui qui succombe dans la plainte d'inefficacité est déchu de toute action relative à la succession du défunt.

Ulpien répond cependant affirmativement; car, dit-il, la quarte antonine lui sera payée, non à titre de libéralité, mais à titre de dette héréditaire.

La loi 23 (D. 5. 2) suppose qu'un aïeul a émancipé son fils en gardant sous sa puissance un petit-fils issu de ce fils; dans son testament il a institué le petit-fils et omis le fils, celui-ci ne peut alors intenter la *querela* contre son fils, car il a déjà la *bonorum possessio secundum tabulas*. Mais s'il a été *exhérédé*, il peut alors intenter la *querela*, et, grâce au droit prétorien, il arrivera à l'hérédité en concours avec son fils qui y arrive par le droit civil.

Ulpien, dans la loi 1, § 6 au titre : *si a parente quis manumissus sit* (37, 12) semble faire exception à ce principe. Lorsque pour émanciper son enfant un père avait pris soin de ne le manciper qu'avec clause de fiducie, il acquérait sur lui tous les droits du patron; comme tel, il avait droit, contre l'héritier externe, à une *bonorum possessio contra tabulas*, avant Justinien pour moitié de la succession, depuis Justinien pour le tiers.

Le père qui avait cette *bonorum possessio* en qualité de patron, pouvait-il intenter la *querela* en qualité d'ascendant?

Il semble bien que non d'après le principe que nous avons exposé tout à l'heure, mais ce n'est pas ainsi que l'entend Ulpien ; il distingue soigneusement le personnage du père de celui du patron et ne veut pas que la nouvelle *possessio* accordée par le préteur à ce dernier dépouille le premier du droit qu'il possédait antérieurement, celui d'intenter la *querela*.

La *bonorum possessio* accordée par le préteur au père émancipateur en sa qualité de patron laisse donc intacte la *querela* entre les mains de celui à qui elle appartient.

Papinien, dans la loi 16 § 1 (D. 5, 2) de notre titre, fait une application de cette règle ; un enfant émancipé *contracta fiducia* omet son ascendant émancipateur et exhérède sa fille; l'ascendant obtient le *bonorum possessio contra tabulas* en qualité de patron, mais la *querela* reste intacte ; le préteur n'a pas à examiner si la fille avait violé *l'officium pietatis* et avait ainsi mérité l'exhérédation, celle-ci pourra donc, malgré l'envoi en possession de son grand-père, obtenir la *querela* tant contre lui (sa possession deviendra alors *sine re*) que contre l'héritier institué.

Deuxième condition : *Ne pas avoir mérité l'exhérédation ou l'omission.*

En effet celui qui a mérité l'exhérédation ou l'omission ne peut se plaindre que le testament ait été inofficieux à son égard.

Le *querelans* étant le demandeur, c'est à lui, en vertu de la règle générale, qu'incombe le fardeau de la preuve.

Quant aux motifs qui peuvent justifier l'exhérédation, aucune loi ne les détermine expressément, l'appréciation du juge est donc ici souveraine ?

Totum de meritis filii agitur, dit Tryphoninus (l. 22, § 1. D. 5. 2).

Le titre de *inofficioso testamento* au Code trace cependant quelques règles ; ainsi la loi 11 déclare que l'exhérédation d'un fils gladiateur par un père de condition honorable ne peut être considérée comme inofficieuse ; la loi 19 fait la même déclaration en ce qui concerne l'exhédération d'une fille de mauvaises mœurs par sa mère.

La loi 3, § 5, du titre : de *bonorum possessione contra tabulas* (D. 37, 4) nous apprend qu'un petit-fils a pu justement être exhérédé en considération de l'inconduite de son père prédécédé.

D'après ce texte toutefois, cette inconduite ne peut être opposée à son petit-fils d'une façon aussi absolue qu'au fils, et le juge devra faire une sorte de compensation entre la bonne conduite du petit-fils et les torts de son père.

Ce motif d'exhérédation n'est pas aussi injuste qu'il peut le paraître au premier abord ; en effet, si le fils avait vécu, il aurait été dépouillé de l'hérédité justement, et par conséquent ne l'aurait pas transmise à son fils ; si donc on ne pouvait opposer au petit-fils l'inconduite de son père prédécédé, il aurait à ce prédécès le plus grand avantage.

Cependant dans la loi 33 § 1 (C. 3, 28) Justinien, à propos d'une autre espèce, il est vrai, déclare que, pour être juste, l'exhérédation devra être basée sur des faits personnels à la personne de l'exhérédé.

Troisième condition : *Ne pas avoir reçu sa légitime.*

Pour manquer réellement aux devoirs que lui imposent les liens du sang, il faut que le testateur ait exclu ses parents de la plus grande portion de sa succession ; la *querela* ne doit être envisagée que comme un frein aux exagérations de la liberté de texter, non comme la suppression même de cette liberté.

Mais où commence l'exagération, quel est le point précis où le testament devient inofficieux ?

A l'origine, il ne dut y avoir sur ces questions aucune règle formelle, le droit d'appréciation des centumvirs était absolu.

Mais, vers la fin de la République, l'an 714 de la fondation de Rome, fut porté un pébiscite, connu sous le nom de lex Falcidia, d'après lequel la part de tout héritier institué ne pouvait être absorbée par legs au-delà des trois quarts, de telle sorte qu'il dut toujours lui rester un quart qui prit le nom de *quarte falcidie*. L'usage s'établit de refuser la *querela* à celui qui, institué pour le tout (*ex asse*), était sûr de conserver en main le quart de l'hérédité, grâce à la loi Falcidie : il semblait que celui-là n'avait pas lieu de se plaindre que le testament ait été inofficieux à son égard (l. 8, § 9. D. 5, 2).

Cette première idée étant admise, on était nécessairement amené à déclarer que celui qui avait reçu par acte de dernière volonté du *de cujus* au moins le quart de ce qu'il aurait eu *ab intestat* ne pouvait intenter la *querela* : décider autrement, en effet, c'eût été traiter le successible plus favorablement dans le cas où le testateur ne l'aurait pas institué.

Cette seconde idée fut admise de bonne heure. Nous en trouvons la trace dans une lettre de Pline le jeune qui écrivait sous Trajan : *sufficiere tibi debet si exheredatus a matre, quartam partem ex hæreditate ejus accipias* (*epistola* V. 1).

Cette deuxième quarte fut appelée quarte légitime, ou légitime.

Ce qui prouve bien qu'elle n'est qu'une émanation de la Falcidie, c'est que les textes lui donnent parfois ce nom, ainsi la loi 31 (C. 3, 28) ; de plus elle se calcule de la même façon que la Falcidie, ainsi :

C'est uniquement les biens laissés par le *de cujus* au moment de son décès qui doivent être pris en considération, les biens donnés entre-vifs ne comptent pas, (6, C. 3, 28).

Elle se calcule sur l'actif net, déduction faite des dettes et des frais funéraires (8 § 9, D. 5, 2.)

Il faut déduire la valeur des esclaves affranchis par testament (8 § 9, D. 5, 2).

A cette occasion, Ulpien se demande ce qui arrive lorsque le patrimoine du *de cujus* ne se composait que d'esclaves et qu'il les a affranchis, quelle sera alors la ressource des héritiers du sang ?

Remarquons qu'Ulpien n'avait dû poser la question qu'au sujet du testateur qui n'avait dans son patrimoine qu'un ou deux esclaves, celui qui en avait plus ne pouvait en temps d'Ulpien les affranchir tous ; la loi *Fusia Caninia* qui n'a été abrogée que par Justinien le lui défendait.

Quoi qu'il en soit, voici le remède que propose Ulpien : « Filius a patre heres institutus, merito omittit « hereditatem et ad substitutum transmittens, quere- « lam inofficiosi intituit. »

A une condition toutefois : *si filius non fuit in potestate;* dans ce cas il est, en effet, *heres necessarius ex testamento*, il n'a aucun moyen d'éviter que les esclaves arrivent à la liberté.

S'il n'y a pas de substitué, il recueille alors l'hérédité *ab intestat* et on ne pourra, dit Ulpien, lui faire l'application de l'édit : *Si quis omissa causa testamenti...*; dans ce cas en effet le fils n'est pas censé avoir renoncé à la succession en fraude des libertés léguées, mais pour écarter la fraude de son père qui l'a institué afin de lui donner un titre vide d'effet.

La légitime était donc une portion des biens, *pars bonorum*, dit la loi 6 (C. 3, 28) qui devait être laissée au parent pour lui enlever le droit d'intenter la *querela*, c'était le quart de ce qu'il aurait eu dans la succession *ab intestat*.

Mais pour apprécier ce que le légitimaire aurait eu dans la succession *ab intestat,* faut-il tenir compte de l'exhérédé, « an exheredatus partem faciat qui non « queritur? » C'est la célèbre question de savoir si la légitime est attribuée individuellement à chaque légitimaire ou collectivement à tous, question toute différente de celle de l'accroissement lorsque la *querela* est admise avec laquelle la loi 8, § 8 (D. 5, 2) semble la confondre.

Ulpien la résout affirmativement; l'exhérédé fait part: « Si sint ex duobus filiis nepotes; ex uno plures, « tres puta, ex uno unus: unicum, sexuncia; unum ex « illis, semuncia querela excludit. »

Cette quarte pour enlever la *querela* au légitimaire ne doit être diminuée par aucune condition ni aucun terme.

Mais une condition qui serait imposée dans l'intérêt

même du légitimaire ne serait pas censée diminuer la quarte; ainsi, d'après la loi 25 C., 3, 28, une mère qui a de justes alarmes sur la conduite de son mari, peut n'instituer ses enfants que sous la condition qu'ils seront émancipés ; cette condition ne peut autoriser la *querela.*

Peu importe, du reste, la façon dont le légitimaire recevait sa légitime, pourvu qu'il eût bien la valeur du quart de ce qu'il aurait eu *ab intestat*. La loi 8 § 11, (D. 5, 2), suppose qu'il a reçu plus que sa quarte mais à charge de tout rendre après un certain temps : « Merito « dicendum est, dit la loi, nullum judicium movere, « cum debitam portionem et ejus fructus habere possit. » De même la quarte restera intacte si un fidéicommis dont est grevé le légitimaire est compensé par un autre fidéicommis en sa faveur. (L. 12 C., 3, 28.)

Enfin la loi 8 § 7 au Digeste (5, 2), tranche ainsi une question qui ne pouvait guère faire de doute : « Si « quis impuberi filio subtituit, secundas tabulas facien- « do, non ob hoc admittemus ipsum impuberem ad « inofficiosi querelam. »

Ainsi, la légitime devait être laissée tout entière à celui qui y avait droit; une légitime incomplète n'empêchait pas la plainte d'inofficiosité et par suite la rescision totale du testament.

Le légitimaire pouvait, il est vrai, se contenter de demander par une action personnelle le complément de sa quarte, Paul le dit formellement dans ses Sentences (L. IV, T. V, § 7) ; mais ce n'était là qu'une faculté, et le légitimaire avait tout intérêt à demander plutôt la rescision totale du testament par la *querela.*

C'était là un grave inconvénient, il était possible que le défunt ait eu l'intention de laisser la quarte au légitimaire et qu'en fait il lui ait laissé moins, soit qu'il ignorât alors l'importance de sa fortune, soit qu'il l'ait accrue par des acquisitions postérieures.

C'est pour obvier à cet inconvénient et permettre au testateur de disposer en pleine sécurité que Constantin lui permit d'insérer dans son testament cette clause : *ut quarta arbitratu boni viri repleretur*. L'effet de cette clause était de ne laisser au légitimaire que l'action personnelle en complément.

Mais Justinien alla plus loin, il voulut que le légitimaire, pourvu qu'il ait reçu du défunt à un titre quelconque la plus petite portion de sa succession, ne pût plus intenter la *querela*, mais seulement demander le complément de sa quarte, la clause introduite par Constantin : *ut quarta boni viri arbitratu repleretur*, est toujours sous-entendue.

Quant aux légitimaires qui n'ont reçu absolument rien, ils restent soumis à l'ancien droit.

Par quelle action le légitimaire demandera-t-il le complément de sa quarte ?

La loi de Justinien ne le prévoit pas, c'est donc le cas d'appliquer la loi unique du titre : « De condictione « ex lege (D. 13, 2). Si obligatio lege nova introducta « sit, nec cautum eadem lege, quo genere actionis « experiamur, ex lege agendum est. »

Il agira donc par une *condictio ex lege*, action personnelle, perpétuelle, transmissible aux héritiers, différente à tous ces points de vue de la *querela* dont le but est de faire tomber le testament en entier et qui est réelle, de courte durée et non transmissible aux héritiers.

Qu'arrive-t-il lorsque le légitimaire est évincé de sa légitime ?

Lorque le légitimaire a reçu sa quarte au moyen d'un legs et qu'il est évincé de ce legs, si le testateur a su lui léguer la chose d'autrui, il aura l'action *ex testamento* pour demander l'équivalent de son legs ; mais si le testateur a cru lui léguer sa propre chose, le légitimaire aura-t-il la *querela* ou seulement la *condictio ex lege* en complément de la quarte ?

C'est la question que pose la loi 36 au Code (3, 28) et qu'elle résout en lui accordant seulement l'action en complément.

Mais, en posant cette alternative, la loi 38 se met en contradiction avec la loi 10 C. *de legatis* (6, 37).

Cette loi en effet rapporte une constitution d'Alexandre Sévère d'après laquelle le legs de la chose d'autrui fait à un proche parent est toujours valable quand bien même le testateur aurait cru que la chose était à lui. Le proche parent légataire évincé avait donc toujours, d'après cette constitution, une action *ex testamento* pour exiger à défaut de la chose léguée son équivalent en argent ; c'est-à-dire sa quarte légitime dans notre espèce, et il ne pouvait être question de lui donner ni la *querela* ni la *condictio ex lege* en complément.

La seule façon d'expliquer cette contradiction est d'admettre que la constitution d'Alexandre Sévère n'était plus suivie au temps de Justinien et que c'est par inadvertance qu'elle a été reproduite au Code.

Tout s'explique de cette façon, la question que pose la loi 36 devient bien simple : le légitimaire légataire évincé aura-t-il la *condictio* en complément que la récente constitution de Justinien présume lui avoir été toujours donnée par le défunt ; ou bien aura-t-il la *querela* ? La loi 36 déclare qu'il aura la *querela*.

Dans le droit classique, il aurait eu la *querela* dans deux hypothèses. Soit avant la constitution d'Alexandre Sévère (en 228 J. C.), lorsque le testateur avait cru que la chose léguée lui appartenait (67, § 8, D. *de legatis*, 31), cas dans lequel le legs était considéré comme nul et où par conséquent le légataire ne pouvait avoir l'action *ex testamento*.

Soit avant le sénatus-consulte Néronien, lorsque le legs de la chose d'autrui avait été fait autrement que *per damnationem*. Dans ce cas encore le légataire ne pouvait avoir l'action *ex testamento*, puisque le legs est nul : il devait donc avoir la *querela*, même lorsque c'était de l'erreur du testateur que provenait cette nullité. Dans ce cas le testament n'avait pas été inofficieux, mais nous savons déjà par un texte d'Ulpien (l. 27 § 4, D. 5. 2), que la *querela* était quelquefois accordée même sans qu'il y ait eu de la part du testateur violation des devoirs que lui imposaient les liens du sang.

Ainsi donc, sous Justinien le légitimaire évincé de son legs avait l'action *ex testamento*, si le *de cujus* avait su léguer la chose d'autrui et l'action en complément de la quarte, si le *de cujus* a cru léguer sa propre chose.

Bien entendu, c'est au légitimaire comme à tout demandeur à faire la preuve de ce qu'il avance. Il aura d'abord à prouver que l'éviction qu'il a subie était juste ; et pour faire cette preuve, il ne peut invoquer le jugement qui l'a dépossédé, car pour l'héritier institué c'est là une *res inter alios judicata*.

Il pourra ensuite avoir à prouver que le testateur a su ou n'a pas su que la chose léguée était à un tiers.

Sous Justinien le légitimaire a plus d'intérêt à prouver que le testateur savait lui léguer la chose d'autrui ; dans ce cas en effet il a l'action *ex testamento* pour demander l'équivalent du legs ; et le legs peut être supérieur à la quarte, c'est là la chance avantageuse que présente l'action *ex testamento*. Il est vrai qu'il peut aussi être inférieur, mais alors le légitimaire peut toujours recourir à l'action en complément de sa quarte ; tandis que, quand il n'a que cette action, c'est-à-dire quand le testateur a cru lui léguer sa propre chose, il n'a aucune chance d'avoir plus que sa quarte.

Sous la constitution d'Alexandre Sévère, l'intérêt était le même dans les deux cas, puisque dans les deux cas le legs était valable et le légitimaire avait l'action *ex testamento*.

Mais, entre l'abrogation de cette constitution et l'innovation de Justinien qui consistait à sous-entendre toujours la clause *boni viri arbitratu*, le légitimaire avait tout intérêt à soutenir que le testateur avait cru lui léguer sa propre chose ; alors, en effet, le legs n'existait plus, et il avait la *querela* pour faire rescinder le testament tout entier.

Pour pouvoir intenter l'action en complément, il fallait que l'éviction ait eu lieu ; c'est ce qui résulte des termes de la loi 96 : « deinde eadem res evicta, vel « tota, vel pro parte fuerit. »

La même loi résout la question de savoir si la *quarte falcidie* peut entamer la *quarte légitime*.

Lorsque le défunt a disposé par legs au point de ne pas laisser à son héritier inscrit sa *quarte falcidie*, celui-ci opère sur les legs une réduction jusqu'à concurrence de cette *quarte;* cette réduction peut-elle atteindre la légitime ?

Justinien décide que non ; il ne veut même pas que l'héritier puisse opérer cette réduction lorsque l'indignité du légitimaire peut être soutenue, sauf dans le seul cas où la loi 30 au Code (3, 28) admet encore qu'on invoque l'indignité, lorsque le testateur lui-même en a parlé. Mais cette exception à la loi *falcidie* ne diminue pas la *quarte* que l'héritier institué a toujours le droit de conserver en faisant des réductions sur les autres legs, ou même sur celui du légitimaire lorsqu'il dépasse la légitime. Au contraire, avant l'innovation de Justinien, l'institué, en ne faisant pas porter la réduction sur la *quarte legitime,* c'est-à-dire en évitant les dangers de la *querela,* faisait l'affaire des légataires et la sienne en même temps, il devait donc subir proportionnellement à ce qu'il laissait au légitimaire une réduction sur sa *quarte falcidie.*

Le *procemium* de la loi 36 au Code se termine ainsi :

« Repletionem autem fieri ex ipsa subtantia patris, non si quid ex aliis causis filius lucratus est, vel ex substitutione, vel ex jure accrescendi, ut puta ususfructus. »

Si, par exemple, le père avait laissé à son fils une propriété sans usufruit, quoique par la mort de l'usufruitier cette propriété ait acquis l'accroissement de l'usufruit, la valeur de l'usufruit n'entrera point en compte de la légitime.

Lorsque le fils a été institué à terme ou sous condition, il n'en a pas moins un droit immédiat à sa légitime (36, § 1. C. 3, 28), en était-il de même avant Justinien ?

Non, en cas d'institution conditionnelle, la loi 25 du Code nous montre par *a contrario* que le légitimaire aurait eu la *querela ;* en cas d'institution à terme, il n'aurait probablement pas pu se plaindre ; c'est au moins ce qu'on peut induire de la loi 8, § 11. D. 5, 2.

Enfin, dans la loi 33 C., Justinien, pour sanctionner toutes ces dispositions, édicte une peine contre l'héritier qui aurait trop tardé à payer la *quarte* au légitimaire.

Quelles libéralités s'imputent sur la *quarte?* On doit imputer sur la légitime toutes les libéralités à cause du mort (8, § 6. D. 5, 2). Quant aux donations entre-vifs, elles ne sont pas en principe imputables sur la légitime, mais certaines donations durent exceptionnellement être toujours comptées dans le calcul de la *quarte ;* ainsi les dots et donations *ante nuptias,* d'après une innovation de Zénon (L. 29, C. 3, 28); d'après une innovation de Justinien (L. 30, § 2, C. 3, 28), le prix des charges militaires achetées par le légitimaire avec les deniers fournis par le défunt, lorsque ces charges pouvaient être revendues ou transmises aux héritiers de celui qui en était revêtu dans le cas où il mourait les occupant encore ; les charges de chambellans (*silentiarii*) sont seules exceptées.

Ulpien (L. 25, D. 5, 2) décide qu'une donation entre-vif s'imputera sur la légitime si telle a été l'intention du donateur. Cette solution n'a rien de contraire aux principes ; puisque les conventions sur successions futures sont permises aux tiers avec l'agrément de celui dont la succession est en jeu, à plus forte raison sont-elles permises à celui-là même.

Elle est une application de la liberté des convictions, le père pouvait ne rien donner, faire une donation à cause de mort ou une donation sous condition potestative : qui peut le plus peut le moins ; pourquoi lui interdire de restreindre sa libéralité en l'imputant sur la légitime ?

Au Bas-Empire, la solution contraire serait bien difficile à justifier. Puisqu'au moyen de la *querela inofficiosæ donationis* les donations entre-vifs, faites à des étrangers, sont sujettes à un retranchement quand elles sont excessives, il est, en effet, indispensable que le père faisant à son fils une donation puisse déclarer qu'elle n'est qu'un avancement sur sa *quarte* légitime.

La solution d'Ulpien a cependant été longtemps considérée comme une opinion isolée formellement contredite par des textes de Papinien, de Paul et de Justinien ; mais une étude plus attentive de ces textes a permis à M. Labbé d'établir qu'il n'y a aucune antinomie entre eux et la loi 25 au Digeste. (Revue pratique, 1858, p. 208).

Papinien (16, D. 38, 16) suppose qu'un père, au moment où il dotait sa fille, a fait insérer dans l'acte dotal la mention : « Ita filiam dotem accepisse ne quid aliud ex hereditate patris speraret. » Cette clause emporterait renonciation anticipée à la succession du père ; aussi Papinien ne l'admet pas ; mais elle est toute différente de celle qui prescrit l'imputation de la donation sur la légitime.

Toute différente aussi est la question que Paul résout au § 8 du titre 5, liv. IV de ses Sentences ; la convention n'est pas valable, d'après lui, si un fils donataire non-seulement a consenti à l'imputation, mais encore à renoncé dès à présent à la querelle d'inofficiosité, bien qu'il ignorât actuellement si la valeur des biens par lui reçus équivaudrait à sa portion légitime.

C'est également cette question que Justinien tranche au Code (L. 35, §§ 1 et 2, 3, 28) « Illud etiam sancimus

« ut si quis a patre certas res accepisset, et pactus « fuisset, quatenus de inofficioso querela adversus tes- « tamentum paternum minime ab eo moveretur... »

Dans l'espèce, le fils gratifié avait promis non pas seulement d'imputer sa donation sur sa quarte, mais de ne point critiquer le testament paternel.

Ces diverses décisions des jurisconsultes se concilient donc très-bien avec la loi 25, D. 5, 2, et l'opinion d'Ulpien demandant le respect de la clause d'imputation reste intacte.

CHAPITRE IV.

EFFET DE LA *querela*.

Trois éventualités peuvent se présenter : la *querela* peut échouer, elle peut rescinder le testament en entier ou ne le rescinder que pour partie.

Première éventualité : la *querela* échoue.

« Meminisse autem oporterit, dit Ulpien, loi 8, § 14 (D. 5, 2), eum qui testamentum inofficiosum improbe dixit, et non obtinuit : id quod testamento accepit, perdere et id fisco vindicari quasi indigno ablatum. »

Il admet, du reste, des tempéraments à cette sévérité : « Si ante sententiam destitit, vel decessit, non ei aufertur quid datum est. »

La loi 22, §§ 2 et 3, D. 5, 2, déclare que cette peine ne s'applique ni à l'héritier ni à l'adrogeant du *querelans* qui n'ont fait que continuer une *querela* déjà engagée. A plus forte raison ne s'attaque-t-elle pas au tuteur qui a intenté la *querela* au nom de son pupille :

c'est ce que nous disent les Institutes (L. II, tit. 18, § 5).

Deuxième éventualité. — La *querela* a pour effet de rescinder le testament en entier.

Passons au cas où la *querela* réussit, et plaçons-nous dans l'hypothèse simple d'un unique enfant agissant contre un *extraneus* unique héritier.

Le triomphe de la *querela* a pour effet de rescinder le testament en entier et de donner ouverture à la succession ab intestat. « Si ex causa de inofficioso cogno« verit judex, et pronunciaverit contra testamentum, « nec fuerit provocatum, ipso jure rescisum est, et « suus hæres erit secundum quem judicatum est ; et « bonorum possessor si hoc se contendit. » (L. 8, § 16, D. 5, 2.)

Le *querelans* triomphant se trouve donc être héritier et héritier saisi de plein droit, quand même il ne serait pas héritier sien. En effet, en intentant la *querela,* il a fait adition d'hérédité, et cette adition est devenue efficace par la sentence qui annule le testament.

Toutefois, la *querelans* triomphant peut se trouver exposé lui aussi à une *hereditatis petitio,* soit totale : dans le cas bien rare de la loi 6 dont nous avons déjà parlé ; soit plus souvent partielle : lorsqu'un autre est appelé au même rang que lui à la succession *ab intestat* et que cet autre n'a pas succombé dans la plainte d'inofficiosité (l. 16 pr.), ou n'a pas laissé passer le délai dans lequel elle doit être invoquée (l. 17), ou n'y a pas renoncé. (23, § 2, D. 5, 2.)

Mais le *querelans* qui a triomphé ne pourrait-il pas repousser la *petitio hereditatis* de cette autre héritier *ab intestat,* en prouvant que le testament n'a pas été inofficieux à son égard ?

Non, cette exception n'appartient qu'à l'héritier institué par le *de cujus ;* elle ne peut être invoquée du moment où le testament est rescindé.

L'institution d'héritier étant annulée, le testament tombe tout entier avec ses legs, ses affranchissements et toutes ses dispositions, telles que nominations de tuteurs, substitutions pupillaires.

Ce résultat semble d'abord contraire au principe que : « Res inter alios judicata aliis neque prodesse « neque nocere potest ; » mais on considère les légataires, fidéicommissaires et affranchis comme représentés par l'héritier institué, à tel point qu'ils peuvent intervenir dans l'instance et en appeler : « Si suspecta « collusio sit legatariis inter scriptos heredes et eum « qui de inofficioso testamento agit, adesse etiam lega- « torios et voluntatem defuncti tueri constitutum est : « eisdemque permissum est etiam appellare, si contra « testamentum pronunciatum fuerit. » (L. 29, D. 5, 2.)

La sentence rendue contre l'institué ne pourra du reste leur être opposée qu'autant que l'institué aura été présent pour défendre la *querela.*

« Si herede non respondente, secundum præsentem « judicatum sit : hoc casu non creditur jus ex senten- « tia judicis fieri : et ideo libertates competunt et le- « gata petuntur. » (L. 17, § 1, D. 5, 2.)

Le juge est censé n'avoir pas prononcé sur le testament ; mais seulement avoir puni la contumace de l'héritier inscrit et n'avoir jugé que par rapport à lui.

Scævola, dans la loi 13 (D. 5, 2), nous révèle un biais qu'une testatrice avait pris pour éviter la rescision de ses legs au cas où son testament serait reconnu inofficieux.

Au moyen d'un codicille, elle les avait mis, à titre

de fidéicommis, à la charge de l'héritier quelconque *ab intestat* ou du *bonorum possessor* qui arriverait à sa succession. Mais Paul décide que ce codicille ne devra pas survivre au testament, puisque toutes les volontés dernières du *de cujus* sont considérées comme émanées d'un fou.

On avait cependant admis quelques tempéraments. Ainsi, dans l'hypothèse de la loi 28, dont nous avons déjà parlé, lorsqu'un fils a la *querela* contre le testament de sa mère qui l'avait omis le croyant mort; dans cette hypothèse, les legs doivent néanmoins être acquittés; car on ne peut admettre, même à titre de fiction, que le testament soit l'œuvre d'une folle.

Ainsi encore, d'après la loi 8, § 17 (D. 5, 2), lorsque la *querela* était permise par exception, après le délai de cinq ans *ex magna et justa causa*, les affranchissements n'étaient pas révoqués; mais les affranchis devaient payer vingt pièces d'or au légitimaire.

La loi 9 admet une exception semblable, à la même condition, en faveur des esclaves affranchis par fidéicommis, quelle que soit l'époque de la *querela*.

Les libertés fidéicommissaires sont ainsi plus facilement conservées que les libertés directes; la raison en est que les libertés directes sont acquises de droit, et qu'elles ne peuvent appartenir de droit en vertu d'un testament rescindé, tandis que les libertés fidéicommissaires dépendent du fait de celui qui en est chargé, fait qui lui coûtera peu, puisqu'on lui en offre le prix.

Mais qu'arrivera-t-il losque le legs aura déjà été payé?

La fin du texte que nous citions tout à l'heure (8, § 16, D. 5, 2) répond : « Soluta repetuntur aut ab eo qui

« solvit, aut ab eo qui obtinuit : et hæc utili actione « repetuntur. Fere autem si ante motam controver- « siam soluta sunt, qui obtinuit repetit et ita Divus « Hadrianus et Divus Pius rescripserunt. »

C'est l'application des principes du titre de *hereditatis petitione* sur la bonne ou la mauvaise foi du possesseur d'hérédité. Le possesseur est-il de mauvaise foi, il est tenu de restituer toutes les choses hérédi taires qu'il possédait ou qu'il a cessé de posséder par dol. Mais le défendeur à la *querela* étant l'héritier inscrit ne pouvait guère être considéré comme un possesseur de mauvaise foi; on ne pouvait lui faire l'application de cette loi rigoureuse que pour les actes qu'il avait faits « post motam controversiam de inofficioso testamento. »

Lors donc qu'il avait payé un legs après l'instance engagée, il en était personnellement débiteur à l'égard du *querelam :* c'était à lui d'intenter à ses risques et périls la *condictio indebiti.*

Mais lorsque le legs avait été payé *ante motam controversiam*, il l'avait été de bonne foi ; en vertu du sénatus-consulte *Juventien* (20, §6, D. 5, 3, *de hereditatis petitione*), l'*heres scriptus* n'était tenu que *quatenus locupletior factus est,* c'est-à-dire qu'il ne devait au *querelans* que la *condictio indebiti* qu'il lui transférait en le constituant *procurator in rem suam.*

Un rescrit de l'empereur Adrien a même rendu inutile cette dernière formalité en accordant au légitimaire la *condictio indebiti utilis.*

Il semblerait, à première vue, que le légitimaire triomphant ne devrait pas avoir besoin de cette *condictio* et qu'il devait avoir la *rei vindicatio*, puisque le testament est rescindé.

Telle n'est pas, nous l'avons vu, la théorie de la *querela*; le possesseur de l'hérédité l'a représentée pendant le temps intermédiaire entre la mort du *de cujus* et le triomphe de la *querela*, ses actes ne peuvent donc pas être considérés comme nuls.

Troisième éventualité. — La *querela* a pour effet de ne rescinder le testament que pour partie.

Nous avons vu qu'en général le triomphe de la *querela* a pour effet de rescinder le testament en entier ; le père a manqué au devoir de la piété, le testament est annulé comme n'émanant pas d'une intelligence raisonnable : *Quasi non sana mentis*, et la succession *ab intestat* est ouverte.

Il est cependant des hypothèses exceptionnelles où la rescision ne sera que partielle, lorsque le testateur ayant laissé plusieurs institués, l'institution d'un ou de quelques-uns seulement est jugée inofficieuse.

Nous trouvons dans les textes plusieurs de ces hypothèses.

La loi 24 (D. 5, 2) suppose qu'un frère a été omis, et que le testateur a institué deux héritiers, l'un est une personne *honesta*, l'autre une personne *turpis*; la *querela* ne pourra réussir que contre cette dernière.

La loi 15, § 2 (D. 5, 2) suppose un seul enfant exhérédé en présence de deux *extranei* institués; il les actionne séparément, et, par suite d'une erreur de juge, il gagne son procès vis-à-vis de l'un et le perd vis-à-vis de l'autre.

La loi 19 suppose qu'une testatrice a laissé deux filles ; elle a omise l'une, institué l'autre pour un quart, et un étranger pour les trois autres quarts : la fille instituée ne peut se plaindre, car elle a plus que sa légitime ; elle a un quart de la succession, et sa légitime n'est que d'un huitième; d'autre part, la fille omise ne peut intenter la *querela* que contre l'étranger, et seulement pour ce qu'elle aurait eu *ab intestat*, c'est-à-dire pour la moitié de l'hérédité; le testament, dans ce cas, ne sera donc rescindé que pour partie.

Dans ces différentes hypothèses, le *de cujus* est réputé mort partie *testat*, partie *intestat*, aussi Papinien termine la loi 15 par ces mots : « Nec absurdum « videtur, pro parte intestatum videri ; » et Cujas commente ainsi cet alinéa : « Absurdum non est, testatum « ex post facto pro parte intestatum fieri. Aliud est « esse, aliud videri, aliud decedere pro parte intestatum ab initio, aliud postea decessisse videri. »

L'effet de cette rupture partielle du testament est de faire du *querelans* le cohéritier de l'institué dont le droit subsiste, les créances et les dettes se partagent de plein droit, les choses corporelles se trouvent dans l'indivision (15, § 2, D., 5, 2). Quant aux legs et aux fidéicommis, ils sont nuls pour la part afférente au légitimaire; si l'objet du legs est indivisible, s'il s'agit, par exemple, d'une servitude, le légataire ne peut que demander la valeur de la portion pour laquelle il n'est pas annulé; mais le *querelans* reste libre de consentir, moyennant indemnité, à l'établissement de la servitude.

Les affranchissements sont maintenus intégralement (13, C., 3. 28), mais l'affranchi doit payer au légitimaire une somme correspondante à la portion de l'hérédité recueillie *ab intestat* (29, D., 44, 2). Les substitutions pupillaires sont maintenues (8, § 5, D., 5, 2), il en était probablement de même des nominations de tuteur.

Mais, aux hypothèses de rescision partielle du testament que nous avons citées tout à l'heure, et dans lesquelles se trouvent toujours plusieurs héritiers inscrits dont quelques-uns seulement ont été institués inofficieusement, faut-il ajouter celle où deux fils exhérédés se trouvant en présence d'un héritier *extraneus*, l'un obtient la *querela*, tandis que l'autre y renonce, ou échoue dans sa demande, ou laisse périmer son instance; autrement dit, lorsque la *querela* ouvre la succession *ab intestat*, y a-t-il dans cette succession *ab intestat* lieu à accroissement, comme nous avons déjà vu qu'il y avait lieu à dévolution?

Posée en ces termes, la question semble résolue affirmativement, et c'est dans ce sens que les lois 17 et 23, § 2, D., 5, 2, qui posent la question, y répondent sans la moindre hésitation.

Quels sont donc les arguments du système contraire? Il invoque d'abord la loi 8, § 8 (D., 5, 2); cette loi se demande, lorsqu'il s'agit d'évaluer la légitime de chaque enfant, *an exheredatus partem faciat qui non queritur?*

C'est une question tout autre que celle de l'accroissement; la loi cependant répond à toutes les deux en même temps : « Utique faciet, et si dicam inofficio-« sum, non totam hereditatem debeo, sed dimidiam « petere. »

Elle n'est cependant pas en contradiction avec les textes cités plus haut, l'exhérédé dont elle parle, dont la part n'accroît pas aux autres, c'est l'*exheredatus qui non queritur*, c'est celui qui ne fait peut-être que différer d'agir; tandis que dans la loi 17 il s'agit de celui qui renonce, dans la loi 23, § 2, de celui dont l'instance est périmée.

Le système du non-accroissement invoque aussi la

loi 29, au titre *De exceptione rei judicatæ*, 44, 2. Voici l'hypothèse de cette loi Un testateur a laissé deux héritiers inscrits, la *querela* est intentée contre l'un d'eux et triomphe; elle n'est pas opposable à l'autre en vertu de l'exception *rei judicatæ*, le testament n'est donc rescindé que pour moitié, les legs restent dus pour moitié, mais que décider pour les affranchissements? doivent-ils être maintenus intégralement? Oui, dit la loi, on a voulu qu'ils soient maintenus, soit dans le cas où il y avait deux institués, dont un seul a été dépossédé par la*querela*, soit dans le cas où il y avait deux *querelans* dont un seul a triomphé.

Donc il n'y a pas d'accroissement, la succession est ouverte *ab intestat* pour la part du *querelans* triomphant, mais reste testamentaire pour l'autre part; s'il y avait accroissement il n'y aurait plus de testament, partant plus d'affranchissement.

Il est certain que cette loi est en contradiction avec celles que nous avons citées tout à l'heure. Remarquons, toutefois, qu'elle ne pose pas la question d'accroissement, elle la tranche incidemment d'un mot, et au sujet de l'affranchissement qui, nous le savons, a toujours été l'objet de faveurs exceptionnelles. S'il y a antinomie, nous préférons donc nous ranger du côté des lois 17 et 23, § 2, D., 5, 2, qui s'occupent uniquement de la question d'accroissement et dont la solution est une conséquence logique du principe que la *querela* donne ouverture à la succession *ab intestat*.

CHAPITRE V.

COMMENT S'ÉTEINT LA *querela*.

La *querela* s'éteint par un délai de cinq ans (8, § 17, et 9, D., 5, 2). Ce délai avait d'abord été de deux ans, c'est ce que nous apprend Pline le Jeune, qui écrivait sous Trajan (*Epistola*, V, 1.)

Par ce mode d'extinction la *querela* diffère à la fois de la pétition d'hérédité, qui est perpétuelle, et de l'action d'injure, qui est annale.

Au temps classique, les jurisconsultes n'étaient point d'accord sur le point de départ de ce délai. Modestin le faisait courir du jour de la mort du testateur ; Ulpien, seulement du jour de l'adition d'hérédité faite par l'*heres scriptus*. C'est cette dernière opinion qu'a adoptée Justinien (Inst., III, tit. 1, § 7), et avec grande raison. En effet, jusqu'à l'adition, l'héritier légitime est en droit d'espérer que la succession s'ouvrira d'elle-même *ab intestat: destituto testamento*, ce qui est pour lui un excellent motif de ne pas agir ; du reste, l'eût-il voulu qu'il ne pouvait pas intenter la *querela*, faute d'adversaire.

Mais, comme il ne fallait pas laisser trop longtemps incertaine la situation de l'hérédité, la loi 36, § 2, C., 3, 28, exige que l'institué se prononce dans les six mois, s'il habite la même province que le *querelans*, sinon dans l'année.

D'après la loi 16, C. 3, 28, on ne pourra opposer le délai des cinq ans à celui qui pendant ce délai a attaqué le testament pour une autre cause, mais en se réservant la *querela* comme action subsidiaire.

La *querela* s'éteint aussi par la mort du *querelans* ;

c'est un de ses traits de parenté avec l'action d'injure.

Plusieurs tempéraments furent cependant admis à cette rigueur :

D'après les lois 6, § 2, 7, D., 5, 2, et 5, C., 3, 28, la *querela* est transmise aux héritiers du *querelans* lorsqu'il avait intenté l'action avant sa mort ou même seulement manifesté l'intention de l'intenter ; mais la loi 15, § 1, veut du moins que le *querelans* n'ait pas changé d'intention avant sa mort : « Non enim sufficit « litem instituere, si non in ea perseveret. » Justinien fit une innovation en faveur des descendants en ligne directe du fils exhérédé : « Si decesserit filius, hujus « modi querelam (licet se non præparaverit) ad suam « posteritatem transmittet » (36, § 2, C. 3. 28).

La *querela* s'éteint encore par la renonciation. Cette renonciation peut se présenter sous des formes très-variées, ainsi par désistement d'instance (8, § 1, D., 5, 2), par un pacte de remise gratuite, par une transaction. Dans ce dernier cas, plusieurs questions assez difficiles peuvent se présenter.

La loi 27, D., 5, 2, s'exprime ainsi :

« Si instituta de inofficioso testamento accusatione, « de lite pacto transactum est, nec fides ab herede « transactioni præstatur, inofficiosi causam integram « esse placuit. » La transaction, en effet, était un *nudum pactum*, elle ne donne qu'une exception *pacti conventi* qui, dans l'hypothèse du texte, sera paralysée par une réplique *de dolo,* puisque l'héritier inscrit n'a pas rempli son engagement; mais elle pouvait être revêtue de la forme de la stipulation et était alors sanctionnée par la *condictio ex stipulatu;* elle pouvait aussi, par l'exécution d'une des parties, être transformée en contrat innommé.

En droit romain, comme dans notre droit, la transaction était assimilée au jugement (20 C., *De transactione*, 2, 4), mais on n'allait pas jusqu'à étendre cette assimilation aux légataires et fidéicommissaires.

Nous avons vu que le jugement annulant le testament leur était opposable, mais nous avons vu aussi qu'ils ont certaines garanties : qu'ils peuvent intervenir au jugement, qu'ils peuvent en appeler; une transaction ne leur offre aucune de ces garanties, aussi ne leur est-elle pas opposable (29, § 2, D., 5, 2).

Quant aux créanciers de la succession, un jugement rompant le testament n'aurait pas modifié leur droit, il aurait seulement déterminé leur débiteur; la transaction n'a pas ce résultat, qui pouvaient-ils donc actionner?

Voici comment la loi 14, D., *De transactione*, 2, 15, tranche cette difficulté : « Propter incertum succes-« sionis, pro parte hereditatis, quam uterque in trans-« actione expresserit, utilibus conveniendus est. »

Il est probable que, réciproquement, les actions héréditaires étaient exercées utilement par l'héritier légitime et l'héritier inscrit au prorata de la portion attribuée à chacun d'eux par la transaction.

Enfin, la *querela* est perdue lorsque celui à qui elle appartient a fait un acte quelconque qui implique adhésion au testament.

Ces actes sont nombreux et les textes nous en citent plusieurs.

Ainsi, d'après la loi 32, D., 5, 2, celui qui soutient comme avocat ou procurator *ad litem* la demande d'un légataire perd la *querela;* toutefois, il n'en sera pas ainsi d'un tuteur, nous disent les Institutes.

Ainsi, d'après la loi 5, D., 34, 9, le légitimaire qui

a reçu une chose provenant d'un legs contenu dans le testament perd la *querela;* il en est ainsi quand bien même le legs a été fait à une personne sous sa puissance; mais, si le legs se trouve révoqué par la découverte d'un codicille, le légitimaire recouvre le droit d'attaquer le testament : sa renonciation à l'action d'inofficiosité avait eu pour cause la libéralité que lui avait faite le défunt : le legs n'existant pas, on ne peut admettre que l'approbation dont il était la cause doit subsister (L. 12, § 1, 2, D., 5, 2).

Si le légitimaire est devenu héritier d'un légataire du testament et a demandé en cette qualité la chose léguée, perd-il la *querela*? Paul, dans la loi 32, § 1, D., 5, 2, se borne à donner au légitimaire le conseil de s'abstenir.

D'après la loi 23 §, 1 (D. 5. 2), le légitimaire perd encore la *querela* quand il achète des héritiers institués tout ou partie de l'hérédité, ou même une chose individuelle faisant partie de la succession, il en est de même s'il a pris à loyer des choses héréditaires, ou s'il a payé à l'héritier institué une dette qu'il devait au défunt (8. § 1, C., 3, 28).

D'après la loi 31, § 3 (D. 5. 2), le légitimaire perd la *querela*, si l'héritier institué venant à mourir il accepte de lui, à titre de legs, une chose héréditaire: il n'en serait pas de même d'après le § 2 de la même loi, si le légitimaire acceptait toute la succession de l'héritier inscrit. Il peut du reste se faire que le légitimaire tire profit du testament sans l'approuver, sans, par conséquent, perdre la *querela*.

Modestin dans la loi 12, § 3 (D. 5. 2), nous en donne un exemple : Titius et un fils exhérédé étaient codébiteurs solidaires du testateur qui a légué à Titius sa libération : pour exécuter le legs, l'héritier institué fait acceptilation avec Titius ; par l'effet de cette acceptilation, le fils sera également libéré, mais il ne perdra pas la *querela*, car il ne peut être considéré comme ayant donné son approbation au testament.

Ajoutons que, d'après la loi 12 (D. 5. 2), le fils perdrait encore la *querela* si, pour frauder les légataires, il avait affranchi son esclave institué héritier. Un testateur a déshérité son fils émancipé et a institué l'esclave de ce fils en le chargeant de legs, si ce fils ordonne à son esclave d'accepter la succession, il ne peut intenter la *querela*, car il acquiert par son esclave la quarte Falcildie ; il pourrait être tenté de l'affranchir pour intenter contre lui la *querela* et faire ainsi tomber le legs; c'est cette fraude que la loi 12 veut empêcher.

CHAPITRE VI.

INNOVATIONS APPORTÉES PAR LES NOVELLES.

Les Novelles de Justinien apportèrent de grands changements aux règles précédemment exposées.

La première innovation introduite par la novelle 18, consiste dans l'augmentation de la légitime ; au lieu d'un tarif unique et invariable, nous voyons deux quotités différentes, suivant que le nombre des enfants dépasse ou ne dépasse pas le chiffre de quatre. S'il le dépasse, la légitime est de la moitié des biens ; en deçà de ce chiffre, elle est du tiers.

Ce qui rend cette combinaison de la novelle vraiment vicieuse, c'est qu'elle a pour conséquence, s'il y a cinq enfants, de leur donner à chacun un dixième, tandis qu'en supposant seulement quatre enfants ils n'auraient qu'un douzième par tête.

Si le testateur a laissé un fils et quatre petits-fils d'un fils prédécédé, il y a cinq héritiers en présence, la légitime sera-t-elle de la moitié ou du tiers ? Du tiers : il ne faut pas s'attacher au nombre des personnes, mais au nombre des souches. Il en serait de même si le *de cujus* n'avait laissé que des petits-fils, issus de divers fils ou d'un fils unique prédécédé, la légitime devrait encore se calculer sur le nombre des enfants prédécédés, car la faculté de disposer du père de famille ne peut pas diminuer par le prédécès de ses propres enfants. Le chapitre premier de la novelle 18 se termine ainsi : « Hoc observando in omnibus per- « sonis in quibus ab initio antiquæ quartæ ratio de « inofficioso lege decreta est. »

On a conclu de cette phrase que l'innovation s'applique aussi aux ascendants, bien que Justinien ne parle expressément que des enfants.

D'après la novelle 115 (cap. 3 et 4), il ne suffit plus que le légitimaire ait reçu sa légitime par une disposition quelconque *mortis causa* pour être exclu de la *querela*, il faut que le testateur l'ait honoré dans son testament d'une institution d'héritier direct. Cette réforme ne sera utile à l'enfant que dans le cas où un cohéritier refusera l'hérédité.

« De cette innovation, dit M. Accarias, il résulte que l'action en complément de la légitime se transforme nécessairement. Si en effet l'enfant n'a pas été institué pour toute la quotité à laquelle il a droit, ce n'est plus par voie d'action personnelle qu'il réclamera la différence; ce sera par une véritable pétition d'hérédité, puisque Justinien veut qu'il ait cette quotité à titre d'héritier. »

Une autre innovation de la novelle 115 (cap. 3 § 14, cap. 4, § 9), modifie l'effet de la *querela*. Lorsqu'elle triomphera elle ne fera plus tomber que l'institution d'héritier, les autres dispositions contenues dans le testament, les legs, les fidéicommis seront maintenus et resteront à la charge du *querelans* triomphant.

La novelle 115 (cap. 3 et 4) introduisit une troisième innovation. Les motifs qui justifiaient une exhérédation ou une omission n'étaient pas législativement fixés: le testateur n'était pas obligé d'exprimer dans son testament ce qui, dans sa pensée, avait rendu l'héritier du sang indigne de venir à sa succession : Justinien décide qu'il ne sera plus laissé à l'arbitrage du juge d'apprécier si l'exclusion est fondée ou non, et il détermine limitativement les cas où l'exhérédation ou l'omission seront permises. Ces cas sont au nombre de quatorze pour les descendants, de huit pour les ascendants et de trois pour les frères et sœurs.

Les causes légitimes d'exhérédation pour les enfants sont :

1° Si l'enfant a porté la main sur son ascendant ;

2° S'il s'est rendu coupable envers lui d'une injure grave;

3° S'il a porté contre lui une accusation criminelle. Toutefois cette cause cessait d'être légitime s'il s'agissait d'un crime de lèse-majesté ou d'un crime contre la sûreté de l'Etat;

4° S'il vit associé avec des malfaiteurs ;

5° S'il a attenté par le poison ou autrement à la vie de son ascendant;

7° Si par sa délation, il lui a fait subir un dommage grave ;

8° S'il a refusé de se porter fidéjusseur pour l'ascendant retenu en prison pour dettes. Cette cause d'exhérédation ou d'omission ne sera pas admise comme suffisante, quand il est prouvé qu'au moment ou l'ascendant subissait l'incarcération, le descendant n'était pas capable de se porter caution pour la somme demandée ;

9° S'il a voulu empêcher l'ascendant de tester. Si l'ascendant est mort après avoir recouvré sa liberté et sans testament, il était considéré comme ayant pardonné, et le descendant n'était pas exclu de l'hérédité *ab intestat ;* si, au contraire, l'ascendant était mort *intestat*, sous la contrainte du descendant, celui-ci sera écarté comme indigne, et l'hérédité sera attribuée aux autres héritiers *ab intestat* (l. 2. C. 6, 34);

10° Si l'enfant a embrassé la profession de gladiateur ou de comédien contre la volonté de l'ascendant, à moins que ce dernier ne fût lui-même de cette profession.

11° Si la fille mineure que l'ascendant a voulu marier et doter s'est livrée à la débauche ; mais si la fille a atteint l'âge de 25 ans sans que les parents se soient occupés de la marier convenablement, elle ne pourra pas être accusée d'ingratitude si elle a vécu dans le libertinage ou si elle s'est mariée à sa guise.

12° Si l'enfant avait abandonné l'ascendant atteint de démence. Si une personne étrangère recueille le fou et le soigne par charité, Justinien veut qu'elle interpelle par écrit les héritiers *ab intestat* ou ceux institués dans un testament fait avant la folie, pour qu'ils aient à se charger du soin de leur parent; dans le cas où ils refusent, il seront écartés de la succession de l'insensé et l'étranger y prendra leur place; si le fou laisse un testament, l'institution seule sera annulée, les autres dispositions conserveront leur force;

13° Si l'enfant n'a pas racheté l'ascendant de sa captivité: si l'ascendant revient de la captivité, il est libre de pardonner; s'il meurt chez les ennemis, ses biens sont enlevés aux héritiers indignes et donnés à l'église de la ville ou il est né; un inventaire authentique en est dressé, et ils seront employés au rachat des captifs. Cette cause légitime d'exhérédation ne s'applique pas aux héritiers mineurs de 18 ans, et pourvu qu'il ait 18 ans, l'héritier peut emprunter et hypothéquer, tant ses propres biens que ceux du captif pour se procurer les moyens d'effectuer le rachat de son ascendant, et le prisonnier de retour sera tenu de remplir ces engagements;

14° Si le descendant est un hérétique qui rejette les quatre conciles œcuméniques.

Les causes légitimes d'omission pour les ascendants sont :

1° S'il ont accusé leur descendant d'un crime capital, à moins que l'accusation n'ait eu pour objet un crime de lèse-majesté.

2° S'ils ont dressé des embuches à sa vie par le poison ou de toute autre manière.

3° Si l'ascendant a eu commerce avec la femme ou la concubine du testateur.

4° S'il a empêché ou voulu empêcher le descendant de tester.

5° S'il ne l'a pas racheté de sa captivité.

6° S'il l'a abandonné quand il était fou.

7° Si l'ascendant est hérétique.

8° Si le père avait voulu empoisonner la mère, ou réciproquement, l'enfant peut valablement exhéréder le coupable.

Les frères et sœurs peuvent être omis et n'ont pas droit à la *querela*, quoiqu'on ait constitué des *personæ turpes* dans les trois cas suivants :

1° Quand ils ont attenté à la vie du testateur.

2° Quand ils ont porté contre lui une accusation criminelle.

3° Quand ils ont tenté de lui faire éprouver un grand dommage de fortune. (Novelle 22, cap. 47.)

A ces trois motifs nous devons ajouter le cas où le frère, fou ou captif, avait été abandonné par ses frères ou sœurs, qui avaient les moyens de le soigner ou de le racheter ; nous devons appliquer à leur égard, comme à l'égard des ascendants, les règles que nous avons données pour l'exhérédation des ascendants.

Les causes d'exhérédation doivent être formellement exprimées dans le testament. Un point qui divise les auteurs est de savoir quelle est précisément la sanction des règles posées dans la novelle 115. Lorsque le testateur n'a pas indiqué de cause d'exhérédation, lorsque celle qu'il a mentionnée est contraire à la vérité ou bien n'est pas conforme à la loi, que va-t-il en résulter ?

L'institution est-elle nulle ou le testament est-il inofficieux : Dans le premier cas le légitimaire intentera la *petitio hereditatis* ordinaire ; dans le second, il sera obligé d'intenter la *querela* qui a le désavantage d'être soumise à une prescription de cinq ans, d'exposer le *querelans* à une peine s'il échoue, etc. C'est là l'intérêt pratique de la question.

Les auteurs allemands admettent généralement que l'institution est absolument nulle.

En France, on admet plutôt que le testament est inofficieux. Voici par quel raisonnement M. Ducaurroy soutient cette opinion :

« La mère ne deshérite pas : n'ayant jamais d'héritiers siens, elle ne peut ôter à ses enfants une qualité qu'ils n'ont point. Pour les écarter de la succession maternelle, il suffit de ne pas les y appeler. Leur omission n'étant qu'un défaut d'institution, je ne vois pas comment le silence de la testatrice pourrait avoir été soumis à des formes quelconques : en effet, l'exhérédation, les règles qui la régissent, la nullité que prononce le droit civil et la possession *contra tabulas* que donne le droit prétorien sont exclusivement relatives au testament paternel. S'il en était ainsi de la novelle 115, on pourrait admettre qu'elle fixe à peine de nullité les formes de l'exhérédation ; mais la novelle ne parle pas seulement des ascendants paternels, elle s'occupe aussi de la mère qui omet ses enfants et des enfants qui omettent leurs ascendants.

« Il est donc certain qu'on a voulu régler un point commun aux testaments paternel et maternel, un point commun au père qui exhérède, ainsi qu'à la mère et à tous les autres testateurs qui peuvent omettre : or ce point commun, je ne puis l'apercevoir que dans la plainte d'inofficiosité. » (Tome I, n° 661.)

CHAPITRE VII.

DE LA *querela inofficiosæ donationis.*

Comme nous l'avons vu, la masse sur laquelle se calculait la légitime, ne se composait que des biens que le défunt avait laissés à son décès ; tout propriétaire avait donc la faculté de faire disparaître son patrimoine au moyen de donations entre-vifs ; c'était là une grave lacune que présentait la théorie de la légitime.

De bonne heure, il est vrai, l'an 550 de Rome, la loi Cincia avait mis un frein aux libéralités exagérées en défendant de faire à une personne des donations excédant un certain taux, aujourd'hui inconnu ; mais cette loi n'avait qu'une faible sanction ; elle permettait seulement au donateur d'opposer une exception au donataire qui réclamait l'exécution de la donation. De plus, un *paterfamilias* pouvait toujours épuiser un patrimoine en restant en dehors des cas prévus par la loi Cincia, soit en multipliant les donations restreintes permises par cette loi, soit en faisant des libéralités aux personnes que cette loi n'atteignait pas.

Pour parer à cet inconvénient, Alexandre Sévère s'exprime ainsi dans un rescrit adressé au préfet de la ville :

« Si liquet tibi aviam intervertendæ inofficiosi que-
« relæ patrimonium suum donationibus in nepotem
« factis exinanisse ; ratio deposcit, id quod donatum
« est, pro dimidia parte revocari. » (87, § 3, D., *De legatis* XXXI).

D'après ces derniers mots, nous voyons que la *que-*

rela inofficiosæ donationis n'avait pas pour effet la rescision complète de la disposition, comme la *querela*, mais la rescision seulement jusqu'à concurrence de la part héréditaire du réclamant. Ce ne fut pas là, toutefois, la doctrine définitive. Lorsque cette *querela* était admise, on faisait fictivement rentrer dans la masse sur laquelle se calculait la quarte les donations entre-vifs faites par le *de cujus*. Les principes que suivait cette *querela* sont exposés au Code dans un titre spécial : *De inofficiosis donationibus* (3, 29).

Ils sont, du reste, les mêmes que ceux qui régissent la *querela testamenti inofficiosi ;* ainsi cette *querela* n'est aussi accordée qu'à défaut de tout autre recours et comme *supremum auxilium*.

La loi 4, au titre *De inofficiosis donationibus* (C. 3, 29), fait une application de ce principe. Si le défunt eût eu une *in integrum restitutio* contre la donation, d'après cette loi, on l'accordera aussi à l'héritier plutôt que de lui donner la *querela* qui est considérée comme un remède encore plus extrême que la restitution.

Nous trouvons une seconde application du principe dans les fragments du Vatican (§ 281). D'après ce fragment, on n'accordera pas à l'héritier dépouillé la *querela* quand il se trouvera dans l'indivision avec le donataire ; ainsi le défunt ne laisse pour héritiers que des enfants *in potestate*, et la donation exagérée a été faite précisément à l'un d'eux ; dans ce cas, l'héritier lésé n'aura pas la *querela*, c'est au moyen de l'action *familiæ erciscundæ* qu'il obtiendra réparation.

La loi 1 au Code *De inofficiosis donationibus* s'exprime ainsi : *Si mater vestra ad eludendam inofficiosi querelam.*

Et la loi 8 : *Si liquet, matrem tuam intervertendæ questionis inofficiosæ causa.*

On pourrait croire d'après ces expressions que la *querela donationis* n'est admise qu'en cas de fraude, mais ce serait là une opinion erronée; ce qui le démontre d'une façon absolue c'est la loi 5 au même titre, d'après laquelle l'enfant peut attaquer des donations même antérieures à sa naissance. Il est vrai qu'un texte du Vatican (§270) dit : *in fraudem filiorum;* mais le mot *fraus* peut très-bien ne signifier que préjudice; ainsi, bien que la loi Ælia Sentia ait défendu les affranchissements *in fraudem creditorum*, les jurisconsultes ont néanmoins discuté la question de savoir si la mauvaise foi était nécessaire.

DROIT FRANÇAIS

DE

LA RÉSERVE DES DESCENDANTS

CHAPITRE Ier.

NATURE DE LA RÉSERVE DES DESCENDANTS.

Le Code civil, après avoir dans le titre I du livre III exposé la loi qui à l'avenir devra régler la succession *ab intestat*, fixe, dans le titre II, la quotité de bien que le *de cujus* pourra soustraire à cette loi.

« Les libéralités, dit 913, soit par acte entre-vifs, soit par testament, ne pourront excéder la moitié des biens du disposant, s'il ne laisse à son décès qu'un enfant légitime ; le tiers s'il laisse deux enfants ; le quart s'il en laisse trois ou un plus grand nombre. »

C'est le mode de détermination qu'avaient déjà employé, pour fixer la réserve, les coutumes de Paris et d'Orléans, les lois de nivôse an II et de l'an VIII ; la quotité indisponible, c'est donc la succession *ab intestat* elle-même, tout nous le prouve.

Les rédacteurs du Code avaient le choix entre deux institutions, ils pouvaient adopter le caractère juridique de la légitime romaine qui était une portion des biens : *quota bonorum*, ou celui de la réserve coutumière qui était une portion de l'hérédité : *quota here-*

ditatis ; c'est le caractère juridique de la réserve coutumière qu'ils ont choisi. C'était, nous le savons, leur tendance marquée de faire toujours prévaloir les principes du droit coutumier, et le nom même de légitimité qui apparaît encore dans les travaux préparatoires est absolument proscrit de la rédaction définitive pour faire place à celui de réserve.

N'est-il là, comme le pense Troplong, qu'un pur caprice de langue et faut-il avec lui trouver singulier que le Code, qui conservait le droit à une légitime, ait supprimé le mot, et que supprimant les réserves coutumières il en ait conservé le nom ? Cette singularité disparaît si on admet que le Code a voulu conserver le but de la légitime en lui donnant le caractère juridique de la réserve.

Si le réserve n'est pas une portion de la succession *ab intestat*, en quelle qualité les réservataires les recueillent-ils donc ?

A Rome la seule qualité d'enfant a pu être une cause d'acquisition de propriété. aujourd'hui il ne saurait en être question, les modes d'acquisition de propriété sont énumérés dans l'art. 711 :

« La propriété des biens s'acquiert et se transmet par succession, par donation entre-vifs ou testamentaires et par l'effet des obligations. »

Le réservataire n'est pas donataire, il n'est pas contractant, il faut donc nécessairement qu'il soit héritier.

Enfin, sans méconnaître les acceptions variables dont est susceptible le mot héritier, l'obstination avec laquelle la loi l'emploie pour désigner le réservataire est bien aussi un indice de sa pensée (917, 922, 925, 930, 1005, 1006, 1009, 1011).

Ajoutons que l'art. 1049 nous donne incidemment,

à propos des substitutions, une définition de la quotité disponible ; on peut substituer, dit-il, les biens qui ne sont pas réservés par la loi dans la succession.

Tel est donc le caractère de la réserve, ce sont les biens qui sont réservés par la loi dans la succession, c'est la succession *ab intestat* elle-même, indisponible, dans une certaine mesure, entre les mains du propriétaire.

Nous allons, dans les cinq sections qui suivent, tirer les conséquences de ce principe.

Section I. — Les enfants légitimes, adoptifs et naturels ont droit à une réserve.

Pour les enfants légitimés, cette proposition ne peut faire de doute en présence de l'art 333. Elle n'en peut faire davantage pour les enfants adoptifs en présence de l'art. 350, bien que la question ait été légèrement controversée.

Remarquons au sujet des enfants adoptifs une conséquence contraire à l'esprit du Code, mais à laquelle on arrive inévitablement en poussant jusqu'au bout les théories de la réserve, de la dette alimentaire et de l'adoption.

Lorsque s'ouvre la succession d'un descendant, l'esprit de la loi veut ou bien que l'ascendant soit héritier, et il est alors héritier réservataire ; ou tout au moins que l'héritier soit quelqu'un dont il puisse exiger la dette alimentaire ; or, dans le cas où la succession est recueillie par un enfant adoptif l'ascendant n'a pas de réserve, il est exclu par le fils adoptif, il n'a pas non plus de dette alimentaire : le fils adoptif n'est pas son parent.

Les enfants naturels ont aussi une réserve.

Cette proposition n'est plus aujourd'hui controversée, elle ne peut l'être, du moment qu'il est admis que la réserve est la succession *ab intestat* elle-même, puisque l'article 757 leur accorde une fraction des droits successoraux qu'ils auraient eus s'ils avaient été légitimes. Ajoutons que l'art. 761 donne aux parents la faculté de réduire de moitié la part de l'enfant naturel et en règle minutieusement l'exercice ; pareille précaution serait bien inutile si, pour lui interdire toute réclamation, il leur suffisait de disposer de toute leur succession.

Enfin refuser une réserve à l'enfant naturel, ce serait le traiter plus rigoureusement qu'un enfant adultérin ou incestueux, car celui-ci tout au moins a droit à des aliments. Or, il est évident que si le législateur n'a pas assigné d'aliments à l'enfant naturel, c'est qu'il songeait à la réserve qu'il lui accordait implicitement.

Quoique l'enfant naturel ait droit à une réserve, il ne faut cependant pas lui accorder la saisine légale. Déclaré successeur irrégulier par la loi, il reste toujours tel, et, malgré sa réserve, il doit dans tous les cas former sa demande en délivrance contre les autres réservataires ou à défaut de ceux-ci, contre le légataire universel.

Les art. 756, 757 n'accordent à l'enfant naturel de droit que sur les biens de ses père et mère *décédés*. M. Delvincourt, en s'appuyant sur cet argument de texte, enseigne que la réserve de l'enfant naturel ne porte que sur les biens qui se trouvent encore dans la succession au moment du décès, les choses léguées seraient donc seules sujettes à réduction.

Cette doctrine est évidemment inadmissible. A quoi

aboutirait, en effet, un droit de réserve si celui au profit de qui il est établi, pouvait en être dépouillé par des donations entre-vifs ou même par des institutions contractuelles ? Les père et mère ne trouveraient-ils pas là un moyen d'exclure de la succession les enfants naturels ? Or, l'art. 761 ne permet cette exclusion que quand le père a fait à son enfant une donation entre-vifs, de la moitié de ce qu'il aurait eu *ab intestat*, avec déclaration expresse que son intention est de le réduire à la portion qu'il lui a assignée.

Nous pouvons donc dire que la réserve de l'enfant naturel est de tout point semblable, sauf la quotité, à celle de l'enfant légitime, qu'elle s'exerce par conséquent sur les mêmes biens, c'est-à-dire sur les biens donnés comme sur les biens existant encore dans la succession.

Quelques auteurs, sans aller aussi loin que M. Delvincourt, déclarent que l'enfant naturel peut faire réduire les donations postérieures à sa reconnaissance, mais qu'il ne peut attaquer les donations entre-vifs antérieures. La reconnaissance d'un enfant naturel, disent-ils, n'est qu'un fait volontaire de la part du père et de la mère, il ne peut avoir d'effet contre les tiers qu'à compter de sa date, de sorte que les donataires antérieurs n'ont pas à redouter la réduction. S'il en était autrement, on pourrait, moyennant une reconnaissance frauduleuse, porter atteinte à l'irrévocabilité des donations.

Ce système est manifestement contraire à l'art. 922, qui seul indique les règles à suivre pour calculer la quotité disponible, il ne fait aucune distinction entre les donations, et il doit être appliqué lorsqu'on se trouve en présence d'un enfant naturel, puisque le droit de celui-ci est de même nature que le droit de l'enfant légitime.

Disons de plus que la reconnaissance étant un acte purement déclaratif, il est impossible qu'elle n'ait d'effet à l'égard des tiers qu'à compter de sa date, et quant à la fraude elle pourra être déjouée au moyen de l'art. 339 qui permet de contester la reconnaissance à tous ceux qui y ont intérêt.

Notons que la reconnaissance ne produit pas toujours au profit de l'enfant naturel un droit de réserve. L'article 337 est ainsi conçu : « La reconnaissance faite pendant le mariage par l'un des époux, au profit d'un enfant naturel qu'il aurait eu avant son mariage d'un autre que son époux, ne pourra nuire ni à celui-ci, ni aux enfants nés de ce mariage. Néanmoins elle produira son effet après la dissolution du mariage, s'il n'en reste pas d'enfants. »

Ainsi, d'après cet article, l'enfant naturel reconnu, qui se trouve en présence d'enfants légitimes issus du mariage pendant lequel sa reconnaissance a eu lieu, ou en présence du conjoint de son auteur, est privé de tout droit héréditaire et par conséquent de tout droit de réserve.

La quotité de la réserve des enfants naturels est déterminée par l'art. 757, mais les pères et mères peuvent-ils réduire de moitié cette quotité déjà si faible en vertu de l'art. 761 ?

Nous ne le pensons pas. Pour admettre cette anomalie d'une réserve susceptible de réduction, il faudrait une disposition de la loi bien explicite ; sans doute c'est dans les art. 757 et 758 que le droit des enfants naturels à la réserve se trouve virtuellement contenu, mais la disposition tout exceptionnelle de l'art. 761

ne doit s'appliquer qu'à l'objet direct de ces articles, à la succession *ab intestat* tout entière, et non à la succession *ab intestat* réduite à sa quotité indisponible. Lorsqu'un enfant naturel se trouve en concours avec d'autres héritiers réservataires et des donataires ou légataires, est-ce sur la quotité disponible que se prend sa réserve ?

S'il se trouve en concours avec trois enfants légitimes ou plus, sa présence ne peut diminuer la quotité disponible qui est du minimum invariable, du quart ; c'est donc uniquement sur la quotité indisponible que sera prélevée sa réserve.

Mais s'il se trouve en concours avec un enfant, la solution ne sera plus la même ; s'il était légitime, sa présence réduirait également la part de l'enfant et la part disponible, chacune de ces parts qui serait de la moitié de la succession sans lui ne serait plus avec lui que du tiers.

De même au cas où il y a déjà deux enfants, la présence d'un troisième réduit du tiers au quart chaque part d'enfant et la part disponible.

Dans ces deux hypothèses, pour rester fidèle au principe d'après lequel la réserve de l'enfant n'est qu'une fraction de ce qu'il aurait eu s'il eût été légitime, il faut la prendre proportionnellement sur chaque part d'enfant et sur la quotité disponible.

Section II. — Le réservataire a la saisine de la réserve en vertu de 724.

L'art. 1004 lui donne même la saisine de toute la succession, mais c'est là une faveur de la loi qui n'est pas une conséquence nécessaire des principes.

Il est donc propriétaire de tous les biens qui composent cette réserve et si, par le concours d'autres réservataires, il y a lieu de procéder au partage, il a droit d'exiger sa part en nature tant dans les meubles que dans les immeubles, en vertu des articles 826 et 832.

Faut-il conclure de ce principe que la quotité disponible doit se composer d'une fraction corrélative de chaque espèce de bien; qu'un père, par exemple, qui a 100,000 fr. en meubles et 100,000 fr. en immeubles n'a pu disposer, s'il laisse un fils, de tous ses immeubles, mais seulement de 50,000 fr. en immeubles et 50,000 fr. en meubles?

On comprend combien serait grave cette restriction à la faculté de disposer déjà si peu étendue, aussi la loi ne l'a pas admise.

En effet, dans les articles 913.920 et suivants elle ne règle que la quotité de la réserve, elle ne s'occupe en rien de la nature des biens qui la composent; et dans les articles 923.926, lorsqu'il s'agit de compléter une réserve entamée par des libéralités excessives, elle ne tient compte que de la date de la libéralité, jamais de sa nature.

Ajoutons qu'elle ne donne aucune action au fils qui prétendrait avoir sa réserve en fractions proportionnelles de chaque bien de la succession.

Quelle action invoquerait-il? L'action en partage? Mais elle n'a lieu qu'entre cohéritiers pour les biens qui sont dans l'indivision.

L'action en réduction? Mais la donation ne dépasse pas la quotité fixée par 913.

On ne peut pas dire que la saisine du réservataire a touché dans une certaine mesure tout le patrimoine du *de cujus*; elle n'a pu atteindre que ce qui était dans la succession ou, ce que la loi considère comme n'en étant pas sorti, c'est-à-dire seulement ce qui a dépassé la quotité fixée par 913. Mais ce que le père n'aurait pu faire, c'eût été de laisser toute la succession à un tiers, à charge pour celui-ci de payer la réserve avec ses biens personnels ; le fils, dans ce cas, aurait le droit d'exiger sa réserve en biens héréditaires, car ces biens étaient indisponibles dans cette mesure.

Section III. — La réserve doit arriver au réservataire exempte de condition, terme, charge ou moralité quelconque.

C'est ainsi, en effet, que lui serait arrivée la succession *ab intestat*.

Cette proposition n'est pas controversée ; nos anciens auteurs l'avaient déjà reconnu ; ce n'est pas le père qui accorde la réserve à son enfant, c'est la loi qui la lui donne, même contre la volonté du père, celui-ci ne peut donc y mettre de condition. Mais, bien entendu, le père pourrait soumettre la réserve à une charge, si telle était la condition d'une donation prise sur la quotité disponible ; le réservataire aurait alors le choix, ou de renoncer à cette donation, ou de la conserver en se soumettant à la condition. Tout ce que veut la loi, c'est qu'il puisse toujours avoir, s'il le veut, sa réserve franche et quitte de toute charge.

Nous verrons tout à l'heure l'article 917 faire une application de cette règle : lorsque le *de cujus* a donné à son réservataire une portion de la quotité disponible en nue propriété, à charge de supporter un usufruit sur tout ou partie de la réserve, le réservataire peut, en renonçant à la donation en nue propriété, rendre sa réserve libre de tout usufruit.

Section IV. — Il faut être héritier pour réclamer la réserve par voie d'action.

C'est là une règle généralement admise. Troplong, toutefois, veut y introduire un amendement qui en serait en réalité le renversement ; nous allons examiner ce système.

Le droit à la réserve s'exerce selon les circonstances : soit par une action en partage contre les autres héritiers réservataires ;

Soit par une action en réduction contre les légataires ou donataires.

Pour intenter une action en réduction, faut-il nécessairement avoir la qualité d'héritier, se demande Troplong? et il répond non ; c'est là son amendement.

Cette solution avait un grand intérêt dans l'ancien droit coutumier, où on admettait que les biens obtenus par le légitimaire héritier au moyen de l'action en réduction tombaient dans la succession et devenaient par conséquent le gage des créanciers ; permettre aux légitimaires d'intenter l'action en réduction sans prendre qualité était précisément le biais que Dumoulin avait proposé pour éviter cet inconvénient.

Aujourd'hui que cet inconvénient est tout évité par l'art. 921, et qu'en se portant héritier bénéficiaire, le réservataire est sûr de soustraire les biens réduits aux céanciers de la succession, la solution n'a plus qu'un bien faible intérêt pratique : celui de permettre au réservataire d'éviter les formalités du bénéfice d'inventaire.

En effet, si le légitimaire a renoncé à la succession, il ne sera pas reçu à quereller les donations, cela par une raison préalable et étrangère à notre question, les donataires lui diraient : Qui nous prouve que votre réserve n'était pas dans la succession ?

Si le légitimaire n'a ni répudié, ni accepté, peut-il intenter l'action en réduction? Mais la question ne se posera pas encore toutes les fois qu'il y aura quelque chose dans la succession, le réservataire sera encore repoussé par une objection préalable : Acceptez, lui diront les donataires, votre réserve est encore dans la succession.

Reste le cas où le réservataire n'a ni accepté ni répudié, et où il ne reste rien dans la succession; nous pouvons alors, sans rencontrer d'objection, arriver jusqu'à la question : Faut-il intenter l'action en réduction ?

Si nous répondons non : le réservataire, pour intenter l'action en réduction, devra :

Accepter, pour éviter la fin de non-recevoir des donataires, qui lui diraient : vous n'êtes pas héritier, donc pas réservataire ;

Et accepter *sous bénéfice d'inventaire*, pour éviter que les créanciers de la succession, devenus ses créanciers personnels, ne profitent de la réduction.

Si nous répondons oui : le réservataire pour intenter l'action en réduction n'aura pas besoin de se porter héritier sous bénéfice d'inventaire, unique et bien mince avantage, surtout si nous songeons qu'il ne dépendra pas de lui de rester indéfiniment dans cet état d'abstention, et qu'une fois poursuivi par les créanciers de la succession, il se trouvera dans la double nécessité :

D'*accepter* pour éviter une action en restitution de a part des donataires, qui lui diraient : Vous n'étiez pas héritier, donc vous n'aviez pas droit à la réserve que vous avez exigée de nous par voie de réduction ;

Et d'accepter *sous bénéfice d'inventaire*, pour éviter que les créanciers de la succession, devenus ses créanciers personnels, ne profitent de la réduction.

C'est bien là, en effet, le seul intérêt pratique de la question ; mais elle a un intérêt théorique très-grand, et M. Demolombe a pu dire que ce premier écart est le présage certain des autres écarts qu'on rencontre dans la doctrine de Troplong.

Cet auteur pense donc qu'on peut intenter une demande en réduction sans prendre la qualité d'héritier. Voici sur quelles raisons il s'appuie : d'abord sur les travaux préparatoires qui semblent en effet devoir fournir un argument à son système.

Transportons-nous au Conseil d'État, on y prépare le projet de loi sur la réserve, et on en arrive à la fameuse difficulté : si la réserve est une portion de la succession *ab intestat*, ce que le réservataire obtient par l'action en réduction devient le gage des créanciers de la succession. Elle a bien troublé nos anciens jurisconsultes, elle ne trouble pas moins nos modernes législateurs. « Les choses que la réduction fait rentrer « dans la succession, en prenant le caractère de biens « héréditaires, deviennent le gage des créanciers : car « l'action en réduction est une action héréditaire et « une portion de la succession. » Voilà bien la difficulté indiquée par M. Muraire (1).

« En quoi il se découvre une injustice que tous ceux « qui aiment l'équité voudraient bien surmonter, » disait Ricard (2).

Lebrun proposait de faire fléchir l'exactitude des

(1) Fenet, t. XII, p. 340.
(2) Donation, n° 981.

règles en faveur de la légitime; M. Bigot demande, lui aussi, que pour enlever le bénéfice de l'action en réduction aux créanciers, la loi fasse une exception. Mais cette proposition n'est pas prise en considération, et le Conseil d'État acceptant jusqu'au bout les conséquences du principe, communique au Tribunat le projet d'article suivant :

« La réduction pourra être demandée par ceux au « profit desquels la loi fait la réserve, par leurs héri-« tiers ou ayants cause : elle ne pourra l'être par les « donataires ou légataires, ni par les créanciers du « défunt, sauf à ces créanciers à exercer leurs droits « sur les biens recouvrés par l'effet de cette réduc-« tion. » Le Tribunat combattit cette disposition, et il formula ainsi sa doctrine :

« L'action en réduction est un droit purement per-« sonnel. Il est réclamé par l'individu comme enfant, « abstraction faite de la qualité d'héritier qu'il peut « prendre ou non » (1). Là-dessus le Conseil d'État revient sur sa décision et adopte l'art. 921 : La réduction des dispositions entre-vifs, etc... les créanciers du défunt ne pourront demander cette réduction *ni en profiter*.

Voilà comment, d'après Troplong, le Code a évité l'embarras de nos anciens auteurs; il n'a pas, comme eux, eu recours à des biais, à des expédients pour éviter la conséquence nécessaire du principe que l'action en réduction est une portion de la succession, il a employé un moyen héroïque, il a supprimé le principe lui-même.

Et il a eu raison, ajoute Troplong, l'action en réduction est un droit purement personnel.

(1) Fenet, t. XII, p. 348.

« Il est certain que la légitime n'a pas un caractère « unique et que sa physionomie dépend beaucoup de « la question de savoir où et comment on la prend. « Elle est la succession ou une partie de la succession « quand on la prend dans la succession. Mais, si on « est obligé de la conquérir sur des choses aliénées par « le défunt et placées par lui en dehors de sa succes- « sion, ce n'est plus à vrai dire la succession qu'on « appréhende : on ne lui succède pas; on exerce un « privilége personnel, inhérent à la qualité d'enfant et « que nul autre que l'enfant ne pourrait exercer. Ici « l'enfant n'est plus héritier, il est adversaire, contra- « dicteur, créancier du défunt. »

En effet, comment admettre une action héréditaire qui ne procède pas du défunt, qui combat ses dispositions ? On n'en saurait trouver une seule.

L'action en rapport procède du défunt, qui n'a entendu donner qu'un avancement d'hoirie.

L'action en paiement du legs procède du défunt, c'est comme son représentant que l'héritier est obligé d'accomplir les volontés du défunt.

L'action en nullité de testament elle-même procède du défunt; il aurait pu demander à être délivré d'une obligation vicieuse et nulle en la forme et au fond, si le testament avait pu lui être opposable.

Rien de pareil lorsque, par l'action en réduction, le réservataire combat les dispositions du *de cujus* et soutient qu'il a outrepassé son droit.

Ce double aspect que peut avoir la légitime avait été entrevu par nos anciens auteurs. N'était-ce pas là l'idée de Coquille, lorsque, pour éviter le droit des créanciers sur les biens provenant de la réduction, il proposait de faire accepter la légitime seulement sans la succession ; ne voyait-il pas que la légitime peut, dans ce cas spécial, être autre chose qu'un droit héréditaire ?

Voilà l'argumentation de Troplong, et il conclut avec Portalis : l'action en réduction est un privilége personnel à l'enfant, à la différence de l'action en légitime, qui est une portion de la succession.

Nous répondrons :

Cette distinction entre l'action en réduction et l'action en légitime n'a pas été admise par le Code ; bien loin de les séparer et d'accorder l'une à qui n'aurait pas l'autre, l'art. 921 les solidarise de la façon la plus formelle :

« La réduction, dit-il, ne pourra être demandée que « par ceux au profit desquels la loi fait la réserve. »

La distinction de Troplong est en effet inadmissible ; si l'action en légitime est une portion de la succession, il est impossible d'admettre que l'action en réduction, qui n'est qu'une modalité de l'action en légitime, ne soit pas de la succession.

Quant à l'argument tiré des travaux préparatoires, c'est, il est vrai, sur les observations du Tribunat que l'art. 921 a été adopté, mais ce n'est pas du tout pour les motifs qu'avait invoqués le Tribunat.

Comme nos anciens auteurs, comme Troplong l'a fait depuis, le Tribunat avait pensé que, pour faire cet art. 921, pour éviter que les biens réduits ne devinssent le gage des créanciers de la succession, il fallait faire fléchir l'exactitude des règles, qu'il fallait reculer devant les conséquences de ce principe que la réserve est une portion de la succession. Le Conseil d'État n'est pas tombé dans cette erreur commune, il a compris que la conséquence était mal déduite, que pour l'éviter il n'était pas besoin de faire fléchir l'exactitude des règles, que le danger était imaginaire.

Il a compris avec Pothier « que les choses retran-« chées ne sont pas de la succession, puisque le do-« nateur s'en était dessaisi de son vivant; que, encore « bien que le droit qu'a l'héritier d'obtenir le retran-« chement soit attaché à sa qualité d'héritier, néan-« moins ce n'est pas un droit qu'il tienne du défunt, « ni de la succession, mais de la loi; ces choses retran-« chées ne font donc point partie de la succession. »

Ce sont bien là les motifs, répétés par Tronchet (1), qui ont amené l'art. 921.

Cet article est donc une bonne déduction des principes; il n'y a aucune contradiction à dire : d'une part, que l'action en réduction ne peut être exercée par le réservataire qu'en sa qualité d'héritier; et, d'autre part, que les biens provenant de l'action en réduction ne sont pas le gage des créanciers de la succession.

Car ces choses retranchées ne sont pas de la succession, puisque le donateur s'en était dessaisi de son vivant.

Si le réservataire ne peut intenter l'action en retranchement qu'en qualité d'héritier, ce n'est pas qu'il la trouve dans la succession, qu'elle procède du *de cujus*, puisque tout au contraire elle a pour but de combattre ses dispositions; c'est parce que le but et le résultat de l'action en réduction est de le mettre en possession de la réserve, qui est une portion de la succession *ab intestat*, dont le *de cujus* n'a pu disposer à son détriment, mais dont il a pu disposer au détriment de ses créanciers.

(1) Locré, Législation civile, t. XI, p. 337-338.

Section V. — Il faut être héritier pour retenir la réserve par voie d'exception.

Nous venons de voir qu'il faut être héritier pour réclamer la réserve par voie d'action, soit par l'action en partage contre les autres réservataires, soit par l'action en réduction contre les donataires; nous passons à la seconde face de la question : faut-il être héritier pour retenir la réserve par voie d'exception ?

L'enfant qui a reçu de son père une donation soit en avancement d'hoirie, soit en préciput, et qui renonce à la succession, peut-il retenir cette donation seulement jusqu'à concurrence de la quotité disponible, comme un étranger, ou bien peut-il la retenir aussi jusqu'à concurrence de la portion de la réserve qu'il aurait eue s'il avait accepté la succession ? C'est la célèbre question du cumul de la réserve et de la quotité disponible.

« Cette question, dit Dupin dans ses conclusions « dans l'affaire de 1863, le Code ne l'a pas laissée dans « l'oubli ; elle n'est pas du nombre de celles qui, ayant « échappé à ses rédacteurs, doivent se résoudre par « des emprunts faits à la doctrine et à la raison géné- « rale du droit, et, par conséquent, un peu selon les « caprices des interprétations. »

L'art. 845 y répond formellement :

« L'héritier qui renonce à la succession peut cepen- « dant retenir les dons entre-vifs, ou réclamer les legs « à lui faits, jusqu'à concurrence de la quotité dispo- « nible. »

Et cette disposition est parfaitement conforme à la théorie générale sur la renonciation :

785 : « L'héritier qui renonce est censé n'avoir ja-

« mais été héritier. » Donc il ne peut prétendre aucun droit à la réserve.

786 : « La part du renonçant accroît à ses cohéri- « tiers; s'il est seul, elle est dévolue au degré subsé- « quent. » Donc sa part de réserve accroît à ses cohéritiers, et il ne peut, par voie d'exception, s'opposer à cet accroissement.

Voilà donc la question résolue par les textes les plus clairs et les plus précis; elle est cependant l'objet d'une des plus chaudes controverses du droit moderne. La doctrine est grandement divisée, la Cour de cassation a varié trois fois, et c'est après avoir accepté pendant vingt ans la doctrine opposée qu'elle est enfin revenue, en 1863, à l'interprétation naturelle qui découle des textes.

C'est en 1818 qu'elle eut à se prononcer pour la première fois, lors du mémorable arrêt Laroque de Mons; voici les différents arguments qu'on avait alors invoqués en faveur du système du cumul.

L'art. 845 ne se prononce nullement contre le cumul : il déclare, il est vrai, que l'héritier renonçant retiendra son don jusqu'à concurrence de la portion disponible, mais la question est précisément de savoir quelle est la portion disponible en faveur de l'enfant. Il y a deux quotités disponibles : l'une au profit des étrangers, déterminée par l'art. 913 ; l'autre au profit des réservataires eux-mêmes, qui comprend la quotité ordinaire, plus leur part dans la réserve. Evidemment la part réservée à l'enfant est disponible en sa faveur, car le père qui donne à son enfant sa part de réserve, loin de contrevenir à 913, ne fait, au contraire, que s'y conformer.

Qu'arriverait-il dans le système contraire? La jurisprudence admet que l'enfant, même renonçant, compte pour le quantum de la réserve, que sa présence réduit la quotité disponible; dans le système du non-cumul, il fera donc nombre contre lui-même, sa légitime à lui se trouvera travestie en légitime pour les autres. C'est là une conséquence inadmissible.

L'art. 786 n'est pas plus concluant contre le système du cumul : « la part du renonçant accroît à ses cohéritiers, » sans doute, tant qu'elle se trouve encore dans la succession; mais le bien donné au renonçant ne s'y trouve plus et n'y peut rentrer : les héritiers acceptants, en effet, ne peuvent intenter ni une action en rapport : le rapport n'est pas dû par l'héritier qui renonce (842-845); ni une action en réduction : car ils trouvent intacte la part de réserve à laquelle ils ont droit.

On ne peut donc trouver dans le Code aucun texte précis qui prohibe le cumul de la quotité disponible et de la réserve; cette prohibition serait cependant nécessaire, et, tant qu'elle ne sera pas prononcée, le système du cumul doit être appliqué, car c'était celui de notre ancien droit.

Art. 307 de la coutume de Paris : « Néanmoins, ou celui auquel on aurait donné se voudrait tenir à son don, faire le peut, en s'abstenant de l'hérédité, la légitime réservée aux autres. »

C'était déjà la doctrine de Dumoulin, auteur cependant de l'adage : « Non habet legitimam nisi qui hæres est. »

La réponse à ces arguments était facile.

Oui, sans doute, en droit coutumier, l'héritier renonçant pouvait retenir sa donation jusqu'à concurrence de la quotité disponible et de sa part dans la légitime. Oui, sans doute, la légitime était due aux enfants en leur qualité d'enfants, par conséquent *jure retentionis* en cas de renonciation, et les acceptants n'avaient aucune réclamation à faire, du moment où ils avaient leur part de légitime ; mais nous savons déjà que ce n'est pas dans la légitime que les législateurs de l'an VIII ont cherché leur modèle, mais dans la réserve coutumière.

Ce n'est pas sur l'art. 307 de la coutume de Paris qu'est calqué notre article 913, mais sur l'art. 298, qui réglait la réserve coutumière; et la réserve, nous dit Pothier (*Introduction au titre XVI, coutume d'Orléans*, n° 53) : « La réserve est due aux héritiers, uniquement en leur qualité d'héritier; c'est pourquoi entre plusieurs qui sont appelés à une succession, ceux qui y renoncent pour se tenir à leur legs, ne peuvent avoir aucune part dans les quatre quints des propres, que la coutume réserve aux héritiers. »

Qu'importe, du reste, l'ancien droit, le Code civil repousse formellement le cumul; la prohibition qu'on nous demande, nous la trouvons exprimée dans les art. 845 et 786.

L'art. 845 nous dit que l'héritier qui renonce peut cependant retenir son don jusqu'à concurrence de la portion disponible.

Et c'est bien de la portion disponible ordinaire qu'il s'agit.

En effet, c'est dans ce sens que cette expression est employée dans l'art. 844, le Code n'a pu d'un article à l'autre lui donner deux significations différentes. Il n'y a du reste qu'une seule quotité disponible, à quel titre l'enfant renonçant pourrait-il retenir au delà de la quotité ordinaire ?

Serait-ce comme enfant ? Mais l'art. 711 ne reconnaît pas ce mode d'acquérir.

Comme héritier ? Mais il ne l'est pas.

Comme donataire ? Mais l'art. 913 ne distingue pas, on ne dispose au delà de la quotité en faveur de qui que ce soit, toute donation dépassant cette quotité est réductible.

Il en résultera, si on admet que l'enfant renonçant compte pour le calcul de la réserve, qu'il fera nombre contre lui-même ; dure loi, sans doute, mais est-elle inique ? Non, que l'enfant accepte ; renonçant, il n'a droit qu'à une juste sévérité.

La prohibition du cumul se trouve encore dans l'article 786 : « La part du renonçant accroît à ses cohéritiers. »

Qu'on n'objecte pas que le bien donné n'est plus dans la succession. Les héritiers pourront l'y faire rentrer par l'action en réduction ; l'enfant renonçant ne pourra pas repousser cette action, sous prétexte que ses frères trouvent intacte la part de réserve à laquelle ils ont droit ; la réserve n'est pas attribuée individuellement à chacun, mais collectivement à tous, puisqu'elle n'est que la succession *ab intestat*, et que c'est en vertu de l'art. 745 que les enfants en sont saisis.

Chacun d'eux est appelé pour le tout comme s'il était seul, c'est uniquement leur concours qui produit la nécessité du partage : *concursu partes fiunt* ; et lorsque l'un d'eux renonce, c'est par voie de non-décroissement que les autres gardent la réserve entière dont ils étaient propriétaires, mais sur laquelle le renonçant avait aussi un droit indivis.

Si nous admettions que chaque enfant doit être content lorsqu'il a sa part de réserve, il faudrait admettre qu'au cas où un enfant renonce, la donation dépassant la quotité doit être respectée, même si le donataire est un étranger.

La part de réserve du renonçant accroît donc à ses cohéritiers, en vertu de 786, car elle est encore dans la succession, au moins par l'action en réduction.

« Des dispositions aussi claires, aussi explicites, dit la Cour de Nîmes, dans son arrêt du 19 octobre 1830, doivent fermer la porte à toutes ces interprétations subtiles à l'aide desquelles, sous prétexte de chercher l'esprit de la loi, on donnerait à la faculté de disposer une extension qu'elle lui a formellement déniée. »

Cette manière de voir fut celle de la Cour de cassation, elle repoussa le cumul.

Ce système paraissait donc irrévocablement exclu de sa jurisprudence, lorsqu'il trouva moyen d'y rentrer subrepticement sous le couvert d'une question toute différente, quoique voisine : celle de l'imputation.

Ce changement de jurisprudence mérite d'être étudié.

L'article 845 semble donner lieu à un grave abus : quand un père, après avoir constitué en dot à l'un de ses enfants sa part présumable dans la réserve, fait ensuite une donation avec clause de préciput cette donation, valable et régulière à l'époque de sa date, est donc subordonnée au fait postérieur et facultatif de l'acceptation de la succession par l'enfant doté.

Ce résultat est fort grave, il blesse le principe de l'irrévocabilité des donations, et celui de la libre disposition par le père de la quotité disponible ; il est à craindre que sa volonté ne soit outrageusement violée, que l'enfant doté ne renonce, par suite d'un concert frauduleux avec ses frères, dans le seul but d'augmenter la succession, en mettant à néant la donation préciputaire.

L'art. 780 oppose, du reste, à cette fraude quelques difficultés, puisqu'il déclare que l'héritier renonçant sera censé acceptant du moment où il aura reçu le prix de sa renonciation : eût-elle été faite au profit de tous ses cohéritiers indistinctement. L'inconvénient n'est donc pas aussi grand qu'on pourrait le croire d'abord ; mais on s'est même demandé s'il existait réellement dans la loi.

Cette question est de la plus haute importance, elle se pose entre les héritiers acceptants et les *donataires préciputaires ;*

Elle consiste à savoir *sur quoi* s'impute ce que retient l'héritier renonçant.

Mais elle est absolument distincte de la question du cumul, qui se pose entre les héritiers acceptants et l'*héritier renonçant.*

Et qui consiste à savoir *ce que* retiendra l'héritier renonçant.

C'est donc par une étrange erreur que la Cour de cassation est venue demander au système du cumul un remède contre l'abus que nous signalions tout à l'heure ; il lui est tout à fait étranger.

Nous allons voir, du reste, que c'est graduellement, d'une façon presque inconsciente, qu'après avoir admis le système de l'imputation, elle a admis celui du cumul.

La conséquence abusive de l'art. 845 se présenta

pour la première fois en 1829, devant la Cour de cassation, dans l'espèce suivante :

Le sieur Mourgues est mort laissant trois enfants : la dame Bonnet, Ferdinand Mourgues, la dame Jeanjean.

En 1819, Mourgues père, en mariant sa fille Elisabeth, lui avait fait don de 20,000 fr., en avancement d'hoirie ; en 1825, il avait légué, par préciput, à son fils Ferdinand, la quotité disponible.

A l'ouverture de la succession, Elisabeth renonce pour s'en tenir à son don qui absorde la quotité. Donc, par cette renonciation, le legs par préciput fait à Ferdinand tombe ; la volonté du père est violée. Cette renonciation a-t-elle été concertée entre les dames Bonnet et Jeanjean ? L'arrêt ne le dit pas, mais il reconnaît que la loi laisse là une large place à la fraude concertée.

Ferdinand, pour jouir de son préciput malgré la renonciation, imagine alors un système qui fut admis par la Cour de Montpellier et en cassation, le système connu sous le nom d'imputation.

Il n'attaque pas la dame Bonnet, elle n'est pas partie au procès, son don n'excède pas la quotité, elle le retient en vertu de l'art. 845, il ne touche donc pas à notre proposition : il faut être héritier pour retenir la réserve par voie d'exception.

La question qu'il soulève et que tranche la Cour de cassation est tout autre et on ne saurait trop les distinguer.

C'est la dame Jeanjean, sa cohéritière, qu'il attaque ; celle-ci lui disait : Partageons également ; la quotité disponible est absorbée par la retenue de notre sœur, il ne reste plus que la quotité indisponible, votre préciput est donc anéanti.

Que fallait-il pour éviter ce résultat? Il fallait dégager la quotité, retenue par la donation en avancement d'hoirie faite à la dame Bonnet, et la laisser libre pour en faire profiter Ferdinand. « Donc, dit Ferdinand, au lieu de faire porter sur la quotité la donation que retient Mme Bonnet, faisons-la porter sur la part qu'elle aurait eue dans la réserve si elle avait accepté. Telle était l'intention de notre père qui, en lui faisant donation en avancement d'hoirie, ne voulait lui faire qu'une remise anticipée de la part qu'elle était appelée à recueillir dans sa succession.

Cette prétention fut admise, elle peut se formuler ainsi :

La donation en avancement d'hoirie faite à un héritier renonçant s'impute sur la part qu'il aurait eue dans la réserve et subsidiairement (ce qui dans l'espèce n'avait pas lieu) sur la quotité disponible.

Nous aurons tout à l'heure à étudier et à combattre cette proposition, pour le moment nous n'avons qu'à constater qu'elle est en dehors de notre question, qu'elle ne contredit nullement notre proposition : il faut être héritier pour retenir la réserve par voie d'exception.

Mais la Cour de cassation ne s'en tint pas là, la question se présenta de nouveau devant elle en 1834, et c'est alors que par une déplorable confusion elle admit du même coup l'imputation sur la réserve et subsidiairement sur la quotité disponible, et le cumul de cette réserve et de cette quotité au profit du renonçant.

Cet arrêt est vraiment le pivot de la conversion

qu'opéra la jurisprudence de la Cour de cassation dans la question du cumul, aussi allons-nous l'examiner de près.

Voici dans quelle espèce il se produisit.

En 1806, le comte de Castille donna par contrat de mariage à sa fille, la dame Duroure, 100,000 fr. à prendre dans les biens qu'il laisserait à son décès. Il mourut en 1826, laissant sept enfants et après avoir légué par préciput à l'aîné d'entre eux un majorat qu'il avait précédemment érigé. Lors du partage de sa succession, la dame Duroure renonça pour s'en tenir à la donation qui lui avait été faite en avancement d'hoirie. Le legs fait par préciput à Castille aîné se trouvait donc annulé, mais il prétendit que la donation faite à sa sœur ne pouvait être retenue que jusqu'à concurrence de la part à laquelle la donataire aurait eu droit dans la réserve légale si elle avait accepté la succession, et non jusqu'à concurrence de la quotité disponible, le défunt ayant disposé de cette quotité.

C'était là une étrange prétention, mais, chose plus étrange encore, elle fut admise par le tribunal d'Uzès, au mépris manifeste de l'art. 845.

En appel, Castille aîné demanda subsidiairement que la donation fût imputée d'abord sur la réserve légale de la donataire et seulement pour l'excédant sur la quotité disponible.

La Cour de Nîmes, dans un arrêt parfaitement motivé du 19 août 1830, repoussa ce système d'imputation, mais la Cour de cassation l'admit, et son arrêt fut rédigé d'une façon si peu précise qu'il commence par proclamer dans des considérations générales le cumul de la quotité disponible et de la réserve, ce qui est tout à fait étranger à la cause, et finit par appliquer à l'espèce le système de l'imputation.

« Attendu que le premier donataire (celui en avan- «cement d'hoirie) peut bien renoncer à la succession «paternelle, mais que sa renonciation ne peut changer «la nature du don qui lui est fait et n'a d'autre effet que «de lui donner le droit *de retenir ou de recevoir* ce qui «lui a été donné d'abord en sa qualité d'enfant qu'il ne «peut ni perdre ni abdiquer, *sur la part qui lui aurait «appartenu dans la réserve légale*, s'il n'eût pas renoncé «et subsidiairement sur la quotité disponible, afin que «la réserve légale de ses frères et sœurs ne fût point en- «tamée. »

Voilà le système du cumul proclamé, mais c'est le système de l'imputation qui est dans la cause et que la Cour va appliquer.

« Attendu qu'au lieu de se borner à maintenir la «dame Duroure dans l'intégrité du don qui lui avait été «fait par son contrat de mariage et d'ordonner à cet «effet que la valeur en serait prise d'abord sur la por- «tion de la réserve légale qui lui aurait appartenu si «elle n'avait pas renoncé et subsidiairement en cas d'in- «suffisance, sur la quotité disponible dont le comte «de Cortille avait ultérieurement disposé, l'arrêt atta- «qué a décidé que les 100,000 fr. donnés à la dame Du- «rouse par son contrat de mariage seraient exclusive- «ment pris sur la quotité disponible. »

Cet arrêt Castille trancha donc du même coup la question d'imputation qui était dans la cause et la question de cumul qui n'y était pas. Pour cette raison il n'eut que peu de retentissement, et c'est généralement de l'arrêt du 17 mai 1843 (Leproust) que les auteurs font dater le changement de jurisprudence.

Cet arrêt de 1843 ne fit cependant qu'appliquer une jurisprudence déjà établie. « Un arrêt du 24 mars 1834 a tout changé, » s'écriait l'avocat général Hello dans ses conclusions ; et c'est ce qui explique que cet arrêt n'ait que quelques lignes et soit à peine motivé.

En 1846 nouvel arrêt admettant le cumul (Lecesne), mais la question est à peine discutée, le défendeur se borne à invoquer la jurisprudence de la Cour.

C'est ainsi que le système du cumul fut repoussé en 1818, qu'en 1834 il fut confondu avec l'imputation dont il diffère totalement, qu'il fut ainsi proclamé dans une cause où il n'avait aucune conséquence pratique et qu'il se maintint pendant trente ans, grâce à cette confusion, presque sans discussion. Ce n'est qu'en 1863 sur le rapport de M. Faustin-Helie et sur les conclusions de M. le procureur général Dupin, qu'un arrêt rendu toutes chambres réunies revint, définitivement cette fois, au système de l'arrêt Laroque, de Mons, et à la saine interprétation de la loi.

CHAPITRE II.

QUOTITÉ DE LA RÉSERVE DES DESCENDANTS.

L'art. 913 fixe la réserve des descendants d'après le nombre d'enfants que le défunt a laissés.

L'art. 914 prend soin de nous dire que, par le mot enfants, il faut aussi entendre les petits-enfants ; ils ne comptent, ajoute-t-il, que pour l'enfant qu'ils représentent.

Mais, s'ils arrivent à la succession de leur chef, et

non par représentation, seront-ils comptés par tête pour le calcul de la réserve ? Le fils qui aurait plusieurs enfants pourra-t-il, en renonçant, diminuer la quotité disponible ? Ce résultat était admis dans les provinces de droit écrit ; il était l'objet de vives critiques de la part de Lebrun (1) ; mais les auteurs du Code n'ont certainement pas voulu le reproduire.

« Comme le trépas du père ne doit pas nuire aux « enfants, disait Treilhard, il ne faut pas non plus « qu'il leur profite » (2).

Dans l'art. 914, les mots : *qu'ils représentent*, ne signifient donc pas autre chose que : *dont ils sont issus*.

Section I. — Quels enfants comptent pour déterminer la quotité de la réserve ?

Les enfants que le père laisse à son décès, dit l'article 913 ; mais, ne l'oublions pas, il s'agit pour eux de recueillir une portion de la succession *ab intestat ;* il ne suffit donc pas qu'ils existent matériellement ; encore faut-il qu'ils existent pour la succession, qu'ils soient capables de succéder, qu'ils soient héritiers.

Nous ne compterons donc pas l'enfant absent (article 136), et nous n'aurions pas compté l'enfant étranger avant la loi de 1819, ni l'enfant mort civilement avant la loi de 1854 (art. 725). Mais l'enfant renonçant ou indigne, celui-là, à la mort du père, est bien capable de succéder ; il existe bien pour la succession, comptera-t-il donc ? Oui, dit la jurisprudence ; et voici les arguments qu'elle invoque à l'appui de son système.

L'art. 913 n'exige pas, pour que les enfants soient

(1) Succession, liv. II, chap. III, sect. 3, no 2.
(2) Fenet, XII, p. 146.

comptés, qu'ils se portent héritiers ; qu'ils soient de fait admis à la succession. On ne pourrait donc exiger cette condition sans ajouter à la disposition de la loi, et il est d'autant moins permis de le faire, que les renonçants et les indignes sont, jusqu'au moment de leur renonciation ou de leur. exclusion, saisis de l'hérédité.

D'après l'art. 786, la part du renonçant dans la succession accroît à ses cohéritiers. Or, la réserve n'est que la succession; donc, la part du réservertaire renonçant doit accroître à ses co-réservataires.

Enfin, le système contraire donnerait lieu à un grave inconvénient; il soumettrait le montant de la réserve à des éventualités postérieures au décès. La loi a certainement voulu l'éviter ; car, dans les articles 913, 920, c'est à l'ouverture de la succession qu'elle se place pour fixer la réserve.

M. Demolombe n'admet pas ce système; voici comment il le réfute victorieusement.

La réserve se calcule d'après le nombre d'enfants que le père laisse *comme héritiers*. Si on entend autrement l'art. 913, nous l'avons vu tout à l'heure, il faut compter l'absent; il aurait fallu compter l'étranger et le mort civil avant les lois qui ont supprimé ces deux classes d'incapables; ce qui est inadmissible. Or, d'après l'art. 785, l'héritier qui renonce est censé n'avoir jamais été héritier : donc, d'après cette fiction, le père, à son décès, n'a pas laissé le renonçant comme héritier; le renonçant n'a jamais eu la saisine.

Il en est de même, d'après les art. 727, 729, de celui qui a été déclaré indigne.

L'argument tiré de 786 est le résultat d'une confusion.

Oui, sans doute, la part du renonçant accroît à ses

cohéritiers; les héritiers ayant droit à toute la succession, les parts ne se faisant que par l'effet du concours, il n'y aura pas de décroissement lorsque, par sa renonciation, un des cohéritiers ne viendra pas prendre sa part, et, dans ce sens, la part du renonçant accroît à ses cohéritiers.

Oui, sans doute la réserve étant déterminée, des trois quarts, par exemple, s'il y a quatre enfants, et l'un d'eux venant à renoncer, sa part accroîtra à ses cohéritiers, puisqu'il ne viendra pas concourir au partage et, par conséquent, décroître la part de ses cohéritiers.

Mais tout autre est la question de savoir si le renonçant, qui est censé n'avoir jamais été héritier, comptera pour déterminer le montant de la réserve; s'il viendra accroître la réserve des acceptants d'une portion à laquelle ils n'avaient aucun droit personnel.

Ce résultat serait absolument contraire à l'intention de l'art. 786, qui veut que la renonciation profite à ceux auxquels l'acceptation aurait préjudicié, et de l'art. 913, qui veut (au moins tant qu'il n'y a pas plus de trois enfants) que la quotité disponible soit égale à une part de réservataire.

Quant à l'inconvénient de soumettre le montant de la réserve à des éventualités postérieures au décès, il ne faut pas l'exagérer; l'incertitude ne sera jamais bien longue, et elle est inévitable quand il s'agit de règlement de succession.

En tout cas la loi n'exige pas cette fixation immédiate; si elle parle de l'ouverture de la succession, dans les art. 913, 920, c'est pour indiquer qu'il faut se placer à ce moment pour trancher les questions d'indisponibilité, et non au moment de la confection du testament ou de la donation, comme pour les questions de capacité.

L'enfant renonçant ou indigne ne compte donc jamais pour déterminer le montant de la réserve.

Section II. — De la quotité dont un père peut disposer en usufruit ou en nu-propriété.

Lorsqu'au lieu de disposer en pleine propriété, le père a disposé en usufruit, comment savoir alors si la libéralité dépasse la quotité fixée par 913?

Faudra-t-il évaluer l'usufruit d'après le calcul des probabilités, d'après l'âge, la santé de l'usufruitier? Ce n'est là qu'un calcul bien approximatif; il serait dangereux d'en faire dépendre la réserve, qui a précisément pour but la stabilité de la fortune dans les familles.

Le législateur a trouvé un moyen plus ingénieux; il laisse au réservataire l'appréciation de la situation qui lui est faite; il lui permet de prendre toujours sa réserve libre de toute charge, s'il se croit lésé par la libéralité en usufruit, mais à charge alors d'abandonner toute la quotité disponible en pleine propriété.

Etudions ce droit d'option.

Son but est d'éviter qu'entre le réservataire d'une part, le donataire ou légataire de l'autre, il y ait jamais lieu à évaluation d'un droit d'usufruit; de là, deux conséquences.

La première, c'est que ni le réservataire, ni, à plus forte raison, les légataires ou donataires, ne pourraient exiger qu'on fasse abstraction de 917 pour en revenir au droit commun, c'est-à-dire à la réduction après évaluation; le réservataire a l'option et n'a que l'option.

Il est vrai que, d'après l'art. 1970, la rente viagère est réductible, si elle excède ce dont il est permis de disposer; mais il ne résulte pas nécessairement de cet article que le réservataire pourra avoir, dans certains cas, à subir les risques de cette évaluation ; il n'est pas besoin de recourir à cette hypothèse pour trouver l'application de l'art. 1970. Dans le cas où le défunt aurait laissé plusieurs dons ou legs, les uns d'usufruit, les autres de pleine propriété, le réservataire aura toujours le droit de faire, à tous les donataires et légataires, abandon de la quotité disponible ; alors, peut-être sera-t-il nécessaire de faire, entre ces donataires et légataires, évaluation de la disposition en usufruit ou en rente, pour opérer la réduction proportionnelle.

La seconde conséquence à tirer du but de la loi, c'est que le droit d'option n'existe qu'au cas où la disposition entame la jouissance de la réserve, où le capital de la rente ou de l'usufruit dépasse la quotité ; quand il ne la dépasse pas, la volonté du *de cujus* doit être respectée : il n'y a aucune nécessité d'y déroger.

C'est le seul sens à donner aux mots de l'art. 917 : « Une rente viagère dont la valeur excède la quotité disponible. »

Ces mots ne peuvent signifier qu'il faut apprécier la valeur vénale de la disposition ; ce serait bien là leur sens grammatical, mais ce serait aller précisément à l'encontre du but que la loi s'est proposé dans l'article 917. Lorsque le Conseil d'État les a fait ajouter au projet primitif de la section de législation, il a donc voulu par là restreindre le droit d'option au seul cas où la réserve peut être entamée, au cas où le réservataire se trouve, par l'effet du legs, privé de la jouissance entière et immédiate de la réserve.

Cette restriction à la faculté d'option de l'art. 917 est très-logique, l'abus était du reste peu à craindre; l'intérêt évident du réservataire est une garantie contre toute extension exagérée de l'art. 917.

Lorsqu'il y a plusieurs réservataires, il peut se faire qu'ils apprécient différemment la valeur de l'usufruit ou de la rente, que les uns désirent accomplir la volonté du défunt, que d'autres préfèrent abandonner la quotité disponible; sont-ils alors tenus de se mettre d'accord ?

Non, la dette héréditaire se divise entre les héritiers : « Les héritiers ne sont tenus de payer la dette que pour la part dont ils sont saisis et dont ils sont tenus, comme représentant le débiteur, » dit l'article 1220.

C'est en vain que, dans notre espèce, on voudrait tirer un argument d'analogie des articles 1670 et 1685 qui exigent l'accord de tous les héritiers pour exercer l'action en réméré et la rescision pour cause de lésion ; ces articles sont précisément des exceptions au principe général de l'art. 1220, exceptions qui ne sauraient être étendues par analogie.

Ce n'est, du reste, pas sans raison que le législateur n'a pas renouvelé cette exception en faveur du donataire ou légataire; n'était-il pas naturel qu'il fît la part plus belle à l'acheteur soumis au pacte de rachat ou à la rescision et *qui certat de damno vitando*, qu'au légataire ou donataire, *qui certat de lucro captando ?*

On ne peut davantage invoquer 1191, d'après lequel le débiteur d'une obligation alternative ne peut pas forcer le créancier à recevoir une partie de l'une et une partie de l'autre. Dans notre espèce, il ne s'agit pas d'une obligation alternative, l'abandon de la quotité n'est qu'*in facultate debitoris;* 1191 est donc sans application.

Mais il arrivera souvent, en fait, que la libéralité tombera sous le coup de 1221, c'est-à-dire que son objet sera indivisible : par exemple, s'il s'agit de l'usufruit d'un corps certain. Evidemment, dans ce cas, les héritiers devront s'entendre pour exercer leur option, car il y a alors exception au principe de la divisibilité des dettes.

Lorsque le réservataire opte pour l'abandon de la quotité, c'est d'une quote-part de l'universalité héréditaire déterminable par le partage que les légataires deviennent propriétaires; il serait contraire à 917 d'admettre que le réservataire peut s'acquitter en abandonnant un capital en argent d'une valeur égale à la quotité.

Mais quel est le caractère de cet abandon? La propriété des légataires sur la quotité disponible est-elle absolue, ou bien soumise aux conditions du legs?

Ainsi, si le legs en usufruit avait été fait par un époux à son conjoint sous la condition de viduité permanente, la pleine propriété de la quotité disponible substituée à cet usufruit sera-t-elle soumise à cette condition?

Oui, elle y sera soumise; et voici les excellentes raisons qu'en donne le tribunal d'Avesnes, dans un jugement du 8 décembre 1860, confirmé par la Cour de Douai :

« Attendu qu'en permettant à l'héritier débiteur de se libérer par l'abandon d'une chose qui n'était pas due, au lieu et place de celle qui était due, l'article 917 n'a fait qu'établir une exception à la règle consacrée par l'article 1243, qui exige, en général, l'exécution de tout engagement dans sa forme spécifique ;

« Mais, attendu que, si l'objet de la disposition est chargé par l'abandon de la propriété de la quotité disponible, ce changement ne touche qu'à l'exécution de la libéralité et nullement à son titre constitutif, qui reste absolument le même avec sa nature propre et ses conditions essentielles ; que, si la disposition en usufruit est soumise à une condition, l'abandon en propriété qui la remplace ne devra point être pur et simple ;

« Attendu que c'est bien là ce qu'a dit et voulu dire 917, puisqu'en l'interprétant comme le font les défendeurs, on dénaturerait complètement en fait la disposition, au lieu de l'exécuter sous une autre forme, par équipollent, par l'abandon que la loi autorise comme mode facultatif de libération pour l'héritier débiteur. »

La question que nous venons d'étudier et que résout l'article 917, a une contre-partie dont cet article ne s'occupe pas : le père peut-il prendre en nue propriété la valeur dont il a le droit de disposer? La question s'est posée en 1857 à la Cour de cassation ; voici dans quelle espèce :

La dame de Thouacé est décédée à Nantes, le 15 novembre 1852, ayant pour héritier la dame de Pienne, sa fille unique, et laissant un testament olographe du 1er du même mois, dans lequel se trouve une disposition ainsi conçue :

« Je donne et lègue par préciput et hors part, s'il

est besoin, à M. Thomas et à Mlle Corneille Pinezon-du-Sel, mes cousins, la nue propriété de ma terre de la Gauvrière, pour, par M. Thomas et Mlle Pinezon, être propriétaires de la nue propriété, à compter du jour de mon décès, et y réunir l'usufruit seulement au décès de ma fille, si elle me survit, et à ma mort, si elle me prédécède. »

La dame de Pienne a prétendu que ce legs excédait la quotité disponible, et, sur cette question, la justice a eu à se décider entre trois systèmes.

Le premier est celui de la réservataire; elle soutient que, sans qu'il y eût lieu de se préoccuper de la distinction que la testatrice avait établie entre l'usufruit et la nue propriété de la terre de Gauvrière, elle avait droit, en sa qualité d'héritière à réserve, à la moitié des valeurs de l'hérédité en pleine propriété, et par conséquent à une partie de la pleine propriété de la terre de la Gauvrière, en raison de la réduction que le legs qui en avait été fait était tenu de subir, tout en conservant, d'ailleurs, l'usufruit du surplus, la nue propriété seule ayant été léguée.

Le deuxième système est celui que présentèrent d'abord les légataires, c'est le système de l'évaluation. Ils prétendirent que l'usufruit de la terre de la Gauvrière, dont la dame de Thouacé n'avait pas disposé, devait être ajouté aux autres valeurs restées dans la succession, pour former la réserve de la dame de Pienne, et que la réduction des legs ne devait avoir lieu que si l'ensemble de ces valeurs ne suffisait pas pour parfaire la réserve.

Le troisième système est une modification du précédent, les légataires reconnurent qu'on ne pouvait pas forcer l'héritier à se payer de sa réserve en valeur d'usufruit, mais ils soutinrent, en se fondant sur 917, que l'héritier devait opter entre l'exécution du testament ou l'abandon de toute la quotité.

La Cour de Rennes, dans son arrêt du 27 février 1856, adopta ce système d'option ; la Cour de cassation (17 juin 1857) se prononça pour le système de la conservation ; la Cour de Caen (17 mars 1855) en fit autant, malgré la plaidoirie de Me Dufaure, et une consultation de M. Demolombe, qui tous deux soutenaient l'arrêt de la Cour de Rennes.

Le deuxième système, on le voit, fut abandonné par les parties et ne fut même pas plaidé ; c'est cependant celui que nous admettons, c'est le plus logique, c'était déjà celui de Prosper Vernet ; en 1855, il est vrai, et avant que la question se soit posée dans cette solennelle espèce.

« Le Code, dit-il, ne contient pas de règle pour le « cas où le *de cujus* aurait disposé de la nue propriété « d'une portion de son patrimoine plus considérable « que la quotité disponible ; il faudrait donc dans cette « situation estimer la valeur vénale des nues propriétés « léguées. »

En effet, comment le Code a-t-il réglé la réserve ?

Les libéralités, dit 913, ne pourront excéder la moitié des biens du disposant, etc.

Il défend de dépasser une certaine quotité, mais c'est tout ; il n'ajoute rien à cette restriction déjà si grande, n'y ajoutons rien nous-même. Il ne restreint pas le champ des libéralités du père à des dispositions en usufruit, ou en nue propriété, en meubles ou en immeubles ; au contraire, il nous déclare, dans l'article 732, qu'on ne considère ni la nature, ni l'origine des biens pour en régler la succession, et lorsque dans les articles 922 et suivants il détermine les règles à suivre pour savoir si la réserve a été entamée, il montre bien qu'il ne se préoccupe que d'une chose : de la valeur des biens que le *de cujus* a laissés dans sa succession.

Ainsi donc, quelle que soit la nature des biens laissés par le *de cujus*, qu'ils soient meubles ou immeubles, perpétuels ou viagers, corporels ou incorporels, peu importe; du moment où leur valeur égale la quotité indiquée par 913, le réservataire n'a aucune réclamation à faire.

Voilà la règle générale ; la loi n'a fait qu'une exception, une seule, celle de 917 pour le cas où la disposition est en usufruit.

Peut-on étendre cette exception à l'hypothèse inverse, au cas où la disposition est en nue propriété, comme le soutenaient les légataires dans l'espèce que nous venons de citer, comme l'admet la Cour de Rennes, comme le plaida Me Dufaure et le demanda Me Demolombe ?

Peut-être est-ce là un vœu légitime, peut-être des motifs semblables exigeraient-ils une solution identique ; peut-être serait-il bon de soustraire la réserve à cette évaluation toujours si arbitraire d'un droit viager, mais c'est au législateur qu'il appartiendrait de compléter l'article 917; quant au légiste, il peut déplorer cette lacune de la loi, il ne peut la combler en étendant une exception aussi formelle que celle de 917.

Quand M. Demolombe veut y arriver par un argument *a fortiori*, fortifié de l'exemple de l'ancien droit qui donnait une solution commune à ces deux questions si voisines, ne peut-on pas lui répondre : la loi a admis l'exception pour un cas ; donc par *a contrario*, pas pour l'autre, et un oubli du législateur est d'autant moins admissible qu'il avait l'exemple de l'ancien droit devant les yeux. Quant au premier système, au système de la Cour de cassation et de la Cour de Caen, son point de départ est faux, M. Demolombe le démontre supérieurement. Le réservataire base sa prétention sur cette idée qu'elle a droit :

1° De prélever une portion de la pleine propriété du domaine de la Gauvrière nécessaire pour compléter la moitié de la pleine propriété de toute la succession ;

2° De garder l'usufruit de la portion de ce domaine dont la nue propriété reste acquise au légataire, puisque cet usufruit se trouve dans la succession, le *de cujus* n'en ayant pas disposé.

Mais c'est justement quand elle prétend opérer ce prélèvement, soit par une action, si elle agit contre un donataire, soit par une exception à l'action en délivrance, si elle agit contre un légataire comme dans l'espèce, que le donataire ou légataire lui pose la question : voyons donc d'abord si vous ne trouvez pas la valeur réservée par 913 dans la succession ?

CHAPITRE III.

IMPUTATION DES LIBÉRALITÉS SUR LA RÉSERVE.

Une libéralité s'impute nécessairement sur la réserve ou sur la quotité disponible, car ce sont deux fractions qui comprennent l'ensemble du patrimoine ; mais quand s'impute-t-elle sur la réserve, quand sur la quotité ? C'est ce que nous allons examiner.

En principe toutes les donations, quelles qu'elles soient et à quelque personne qu'elles soient faites, s'imputent sur la quotité disponible, le défunt doit être considéré comme ayant jusqu'à concurrence de cette libéralité usé de son droit de disposer. Celles-là seules s'imputent sur la réserve qui sont sujettes à rapport lorsqu'il y a d'autres héritiers, c'est-à-dire celles faites sans clause de préciput à un héritier venant à la succession.

Nous allons voir dans les propositions suivantes l'application de cette règle générale.

La libéralité faite à des parents successibles au moment de la donation, mais non successibles au jour de l'ouverture de la succession, s'impute sur la quotité disponible.

Le résultat de cette proposition pourra être de tromper les prévisions du défunt ; elle est cependant indiscutable. Le donataire n'ayant pas de réserve, la libéralité doit, de toute nécessité, s'imputer sur la quotité disponible.

La libéralité faite à un successible mort avant l'ouverture de la succession, et qui n'y est pas représenté, s'impute sur la quotité disponible.

En effet, dit la Cour de cassation dans son arrêt du «19 février 1845 : « La réserve légale étant une quote- «part à prendre sur la succession, n'est accordée par la «loi qu'aux parents qui se trouvent encore vivants à «l'époque du décès de celui sur la succession duquel elle «doit être prise, puisque *viventi non datur hereditas*, «d'où la conséquence que si à cette époque, le réserva- «taire est déjà décédé, aucune réserve légale ne pouvant «plus, par son essence elle-même, avoir lieu à son «égard, toute imputation sur elle devient, par cela même «impossible. »

La libéralité faite à un successible venant à la succession s'impute, bien entendu, sur la quotité disponible, si elle est préciputaire.

Mais verrons-nous un préciput tacite dans ce fait, que la donation aura été indirecte ou déguisée?

Non ; la solution n'est pas douteuse pour les avantages indirects que l'héritier a reçus par suite d'opérations intervenues entre le *de cujus* et un tiers (si, par exemple, le défunt l'a cautionné, a payé ses dettes) ; l'article 843 est formel : l'héritier rapporte tout ce qu'il a reçu du défunt, directement ou indirectement. Notre solution sera la même pour les donations déguisées sous l'apparence de contrats onéreux ou faites à personnes interposées.

Les premières sont celles qui se combinent accessoirement avec un contrat onéreux ; or, d'après l'article 853, les profits que l'héritier a pu retirer de conventions passées avec le défunt ne sont pas rapportables, si ces conventions ne présentaient aucun avantage indirect, lorsqu'elles ont été faites; ils sont donc rapportables, par *a contrario*, si la convention a été faite dans un but de libéralité ; du reste, ce sont bien là des libéralités indirectes, qui doivent tomber sous l'application de l'article 843 ; en effet, quoi de plus indirect qu'une donation déguisée?

Il est vrai qu'on a voulu voir, dans l'article 1099, une distinction formelle entre les donations indirectes et les donations déguisées; mais c'est abuser des termes de cet article. Il déclare que les époux ne pourront se donner indirectement au delà de leur quotité disponible, et qu'entre eux les donations déguisées seront nulles ; la seule conséquence à tirer de cet article, c'est que les donations déguisées sont des avantages indirects particulièrement dangereux, qui peuvent être soumis à des règles spéciales.

C'est dans l'article 918 qu'on veut voir la preuve de cette présomption préciputaire, en faveur des donations indirectes. Mais cet article, nous le verrons tout à l'heure, est tout exceptionnel ; la règle générale se trouve dans 843, qui exige que la mention du préciput soit faite expressément.

Au sujet des donations faites à personnes interposées, nous n'ajouterons qu'un mot. Les articles 847 et 849 prennent soin de déclarer que les donations, faites au père, au fils ou à l'époux du réservataire, ne sont pas rapportables ; elles devraient donc l'être d'après la règle générale.

La libéralité faite à un successible qui renonce s'impute sur la quotité disponible.

L'article 845 paraît ne pas laisser de doute à cet égard ; cependant, nous savons déjà que cette proposition est l'objet d'une très-vive discussion.

Elle donne lieu, en effet, à un abus que nous avons eu occasion de signaler en traitant la question du cumul ; lorsqu'un père, après avoir fait à un enfant une donation en avancement d'hoirie, dispose de sa quotité disponible, cette disposition, valable à l'origine, se trouve subordonnée au fait postérieur de l'acceptation de la succession paternelle par l'enfant donataire ; s'il y renonce, sa donation en avancement d'hoirie va s'imputer sur la quotité disponible, au mépris de la volonté du père, dont la libéralité sera ainsi anéantie, restreinte tout au moins.

On s'est donc refusé à admettre une pareille imperfection dans la loi, et on a imaginé le système de l'imputation. Dans ce système, le renonçant garde une valeur égale à la quotité disponible ; mais, afin de ne pas absorber cette quotité et annuler ainsi les dispositions particulières du père, on fait porter cette retenue, d'abord sur la part que le renonçant aurait prise dans la réserve, subsidiairement seulement sur la quotité disponible. Voici les arguments qu'on invoque à l'appui de ce système :

L'article 845 ne peut être invoqué, dit-on, parce qu'il est au titre du rapport : il n'a, par conséquent, rien à faire dans les relations des héritiers acceptants et des donataires et légataires.

De plus, sa rédaction indique qu'il crée une exception en faveur de l'héritier qui renonce, et l'exception nous ne la trouvons pas, si nous imputons la retenue sur la quotité disponible. Retenir son don jusqu'à concurrence de la quotité, ce n'est pas là une exception, c'est le droit commun, c'est le droit même de l'étranger.

Nous trouvons, au contraire, l'exception, si nous imputons la retenue sur la réserve ; c'est alors par une faveur toute particulière de la loi que le renonçant peut retenir une portion de la réserve héréditaire, puisque, d'après l'article 786, sa réserve devrait accroître à ses cohéritiers.

Cette exception à 786 est, du reste, très-logique, l'héritier qui renonce *aliquo accepto*, n'est pas censé renonçant pour cet *aliquod ;* telle était l'opinion de l'ancien droit, et tel est aussi le sens que le législateur a voulu donner à l'article 845 :

« Permettre au renonçant de retenir ce qu'il a reçu en avancement d'hoirie, et par conséquent à titre héréditaire, c'est lui permettre virtuellement de conserver, dans cette limite, le titre d'héritier. » (Demante, t. IV, n° 42 *bis*, V.)

Ajoutons que, d'après les articles 843, 844 et 919, une libéralité n'est imputable sur la quotité disponible, que si elle a été faite par préciput. Concluons donc par *a contrario*, que, dans tout autre cas, elle est imputable sur la réserve.

Malgré ces arguments, nous ne pouvons admettre ce système. Les divisions du Code ne sont pas assez précises pour qu'on puisse repousser un article aussi formel que 845, sous le seul prétexte qu'il est à la section du rapport, et que la question se pose entre les héritiers acceptants et les donataires.

Il suffit, du reste, de se rapprocher de l'article 844, qui le précède, pour dissiper toute incertitude sur sa véritable signification.

Ces deux articles règlent la quotité de biens qu'un héritier peut retenir ou réclamer en vertu de donation ou legs; « s'il accepte, dit 844, il peut retenir les dons faits par préciput, jusqu'à concurrence de la quotité » ; « s'il renonce, dit 845, il peut cependant (c'est-à-dire par exception, malgré l'absence d'une clause de préciput) retenir aussi sa donation jusqu'à concurrence de la quotité. »

Dans ces deux propositions, les mêmes mots doivent nécessairement être pris dans le même sens.

Or, dans 844, les mots : *jusqu'à concurrence de la quotité disponible* signifient que la retenue s'impute sur la quotité ; donc, dans 845, ils ne peuvent signifier que la quotité n'est simplement que la mesure de la retenue et n'est pas entamée par elle ; il n'est pas admissible que dans deux articles voisins le législateur ait donné deux sens tout différents aux mêmes mots.

Ce qui prouve bien que ce système n'a jamais existé dans l'esprit du législateur, c'est qu'en voulant l'appliquer on se heurte à toutes les dispositions du Code.

Ainsi qu'arrivera-t-il si, tous les enfants ayant renoncé pour s'en tenir à leur avancement d'hoirie, la succession passe aux ascendants ? Y aura-t-il deux réserves, l'une que les enfants renonçants retiendront par voix d'exception, l'autre que les ascendants demanderont par voie d'action ? Mais le Code ne fait pas la plus petite allusion à une pareille bizarrerie.

Ou bien les ascendants seront-ils héritiers et pas réservataires ? Mais ce serait la contradiction formelle des articles 915 et 785.

Supposons, dans une autre hypothèse, que l'enfant renonçant ait reçu une donation plus forte que la quotité, que la quotité étant de 10,000 fr., il en ait reçu 11,000; la donation sera réduite de 1000 fr., mais que faire de ces 1000 fr. ? D'après nous, ils seront recueillis par les enfants acceptants dont ils compléteront la réserve ; toute la quotité disponible est absorbée par le renonçant, tout le reste constitue donc la réserve. Mais telle ne peut être la solution des partisans du système de l'imputation, ils admettent que la quotité disponible est encore intacte, que les réservataires ont déjà leur réserve ; les faire profiter des 1000 fr. réduits, ce serait donc leur procurer, par la réduction, plus que leur réserve, contrairement aux articles 845, 913 et 921.

En fera-t-on profiter les légataires étrangers ?

Mais c'est absolument contraire aux articles 857 et 921, d'après lesquels les réservataires seuls peuvent demander la réduction ou en profiter. Cette solution serait surtout inadmissible s'il n'y avait plus de bien dans la succession, si la donation en avancement d'hoirie avait été de tout le patrimoine, car alors ce serait faire recueillir directement par le légataire étranger les valeurs provenant de la réduction.

Que faire alors de ces 1000 fr. qu'on ne peut donner ni aux réservataires acceptants, ni aux légataires étrangers? On arrive forcément à les laisser au réservataire renonçant, c'est-à-dire au système du cumul.

L'abus que peut amener l'application de l'article 845 est donc bien réel. Sans doute le père de famille peut le prévenir en soumettant la donation en avancement d'hoirie à une condition résolutoire pour le cas où l'enfant renoncerait à sa succession ; mais, en l'absence de cette clause, l'interprétation de la loi ne fournit aucun moyen de faire respecter la volonté paternelle. Du reste, si nous voulions éviter tout mécompte au donateur en avancement d'hoirie, ce n'est pas seulement le système de l'imputation que nous serions obligé d'admettre.

Il nous faudrait admettre avec le tribunal d'Uzès, dans son jugement sur l'affaire Castille, que le renonçant ne peut retenir sa donation que jusqu'à concurrence de sa part de réserve. Il nous faudrait admettre avec la cour de Montpellier, dans son arrêt du 19 novembre 1830, que cette donation est soumise à une clause de retour tacite : le prédécès du donataire sur le donateur, puisque, dans l'intention du donateur, elle n'était qu'une remise anticipée de la part héréditaire qu'aurait recueillie le défunt s'il avait survécu. Mais ce ne serait plus là interpréter la loi. On peut disposer de ses biens à titre gratuit de deux façons : par donation entre-vifs ou par testament. C'est ainsi que le Code l'a réglé dans les articles 893 et suivants; nous ne pouvons pas, sous le nom de donation en avancement d'hoirie, créer une troisième espèce de disposition à titre gratuit dont le Code ne dit pas un mot, distincte des deux autres, en ce qu'elle n'entame pas la quotité et en ce qu'elle est soumise à une clause de retour tacite.

Il y a donc là une imperfection de la loi que le législateur seul peut réparer.

Les libéralités qui sont sujettes à rapport lorsqu'il y a plusieurs héritiers, c'est-à-dire celles faites en avancement d'hoirie à un héritier venant à la succession, sont donc les seules qui s'imputent sur la réserve.

Mais, quand une donation s'impute sur la réserve, s'impute-t-elle sur la masse de la réserve ou seulement sur la part du réservataire donataire ? Supposons un père qui laisse deux enfants; il a donné à l'un, sans dispense de rapport, 45,000 fr., il meurt en laissant 15,000 fr. et un légataire universel ; la masse est donc de 60,000 fr., la réserve des deux enfants de 40,000 fr., et la part de chacun de 20,000 fr.

Les 45,000 fr. donnés en avancement d'hoirie vont s'imputer d'abord sur la réserve, pour le surplus seulement sur la quotité disponible, mais s'imputeront-ils sur la masse de la réserve (40,000 fr.) ou seulement sur la part du réservataire donataire (20,000 fr.)?

L'intérêt de la question est facile à saisir : dans la première solution, la quotité ne sera entamée que de 5,000 francs; elle sera donc encore de 15,000 francs, que le légataire universel pourra recueillir.

Dans la seconde solution, 25,000 francs devront s'imputer sur la quotité disponible; elle sera dépassée de 5,000 francs, et le légataire universel ne touchera absolument rien.

Nous adopterons la première solution avec MM. Demolombe et Mourlon. En effet, qu'est-ce qu'une donation en avancement d'hoirie? C'est une donation sous une condition résolutoire, pour le cas où le donataire acceptera la succession du *de cujus*.

Or, la condition résolutoire a pour effet, quand elle s'accomplit, d'anéantir une opération ; donc, quand le donataire arrive à la succession, le donateur est censé n'avoir pas usé de sa faculté de disposer ; le bien donné est censé n'être jamais sorti du patrimoine, et, par conséquent, doit être imputé sur toute la réserve, sans distinction.

De la présomption de l'article 918.

Les donations déguisées sous l'apparence d'un contrat onéreux, faites à un successible, sont, nous l'avons vu, imputables sur la réserve.

L'article 918 pose une exception à cette règle.

Lorsque le défunt a aliéné ses biens à un de ses successibles, à fonds perdu, à charge de rente viagère ou avec réserve d'usufruit, la loi admet une double présomption.

Pour elle, cette aliénation n'est qu'une donation déguisée, et cette donation déguisée est faite par préciput; par conséquent, s'impute sur la quotité disponible, sans aucune déduction pour la rente ou l'usufruit.

L'ancienne jurisprudence n'avait pas de règles fixes en ce qui concerne les contrats dont s'occupe l'art. 928; les aliénations de ce genre étaient, selon les circonstances, déclarées frauduleuses ou reconnues sincères. Ce n'est donc pas dans l'ancien droit qu'il faut chercher l'origine de l'art. 918, mais dans le droit intermédiaire.

C'est la loi du 17 nivôse an II, dans son art. 36, qui mit, pour la première fois, des aliénations à fonds perdus dans la catégorie des libéralités.

« Toutes donations à charge de rentes viagères ou « ventes à fonds perdus, en ligne directe ou collatérale, « à l'un des héritiers présomptifs ou de ses descen« dants, sont interdites, à moins que les parents du « degré de l'acquéreur, ou des degrés plus prochains, « n'y interviennent et n'y consentent. »

La loi de nivôse présumait donc que ces donations étaient purement gratuites, malgré l'apparence d'actes à titre onéreux que les parties avaient cherché à leur donner; en les interdisant, elle restait fidèle à son principe d'égalité absolue entre les héritiers, principe qui ne permettait pas de faire à l'un d'eux le moindre avantage.

Les auteurs du Code empruntèrent cette présomption de gratuité à la législation intermédiaire.

Sa base se trouve dans le caractère de l'aliénation elle-même et dans la qualité des parties contractantes.

L'acte dont il s'agit d'apprécier la nature est tel qu'il est bien difficile de prouver qu'il a été fait à titre gratuit ou à titre onéreux. Comment savoir si les arrérages ont été réellement payés? Leur paiement ne modifie ni la fortune du débiteur ni celle du créancier; car de pareilles rentes se paient généralement avec le revenu et se consomment avec lui.

Si l'acte onéreux n'avait pour but que de déguiser

une donation, la fraude sera donc bien difficile à atteindre. Or, elle devient présumable dans l'hypothèse de 918, lorsque les parties contractantes sont des parents en ligne directe; le législateur a donc voulu enlever au père ce moyen d'avantager indirectement un de ses enfants. Tel est le motif de la présomption de gratuité de la loi de nivôse et de 918. Mais le résultat de cette présomption, qui était dans la loi de nivôse l'interdiction absolue de ces actes, ne pouvait être tel dans le Code, qui permet au père d'avantager un de ses enfants, dans une certaine mesure; le père avait fait une donation : c'était son droit; mais restait à savoir s'il l'avait faite par préciput ou en avancement d'hoirie.

L'art. 918 le considère toujours comme fait par préciput; c'est là sa seconde présomption. Le législateur a voulu ainsi atténuer la sévérité que peut avoir, dans certains cas, la première partie de l'article. Il peut se faire, en effet, que la présomption de gratuité porte à faux, que la convention intervenue entre un père et un de ses enfants ne soit entachée d'aucune fraude; ce serait alors traiter trop durement l'enfant que de le soumettre au rapport d'un bien qu'il a acquis au moyen d'un véritable achat. Le tribun Jaubert, dans son rapport à la section de législation du Tribunat, montre bien le double but que le législateur a voulu atteindre en faisant l'art. 918 :

« Annuler ces aliénations, ce serait gêner la liberté « naturelle; maintenir indistinctement toutes les « clauses de ces actes, ce serait compromettre, ruiner « même les autres succesibles, à l'aide d'un acte qui, « au fond, ne serait le plus souvent qu'une véritable « donation. On distinguera donc deux choses : la

« transmission de la propriété et la valeur de cette « propriété. Rien ne peut empêcher que la propriété « ne reste à celui qui l'a acquise. Mais la valeur de la « propriété sera imputée sur la quotité disponible, sans « égard aux prestations servies, et l'excédant de la « valeur, s'il y en a, sera rapporté à la masse. »

Les présomptions de l'art. 918 sont-elles invincibles? Oui, tel est l'avis de la doctrine et de la jurisprudence. Cette opinion est la seule acceptable, car cet article se base sur une présomption pour annuler un acte, et, au terme de l'art. 1352 : « nulle preuve n'est admise « contre la présomption de la loi, lorsque, sur le fon- « dement de cette présomption, elle annule certains « actes. »

Ainsi, lors même qu'un fils prouverait qu'en échange de la somme reçue de son père, il lui a servi une rente viagère constituée à 10 0/0, il ne pourrait se faire tenir compte de la différence entre l'intérêt légal de ses capitaux et l'intérêt à 10 0/0 qu'il a payé. Mais, bien entendu, les cohéritiers qui invoquent la présomption de gratuité ne pourraient exiger du fils donataire ce qui resterait à payer d'après l'acte d'acquisition.

Cette solution ne nous empêchera cependant pas de décider que, quand l'aliénation a été faite moyennant un prix fixé en capital et une rente viagère, l'article 918 n'est applicable que pour la partie des biens dont la valeur est représentée par la rente viagère, et ne l'est pas pour l'autre partie dont le prix est représenté par un capital. Cette aliénation, en effet, n'est pas pour le tout une aliénation à fonds perdu; c'est, en quelque sorte, une aliénation double et complexe qu'il faut décomposer. Une fois cette décomposition faite, on n'a plus qu'à appliquer les règles que l'on aurait suivies si deux choses avaient été aliénées, l'une à charge de rente viagère, l'autre moyennant un capital. Or, comme dans cette dernière hypothèse, il n'y aurait qu'une de ces aliénations considérée comme faite à titre gratuit, il est tout naturel que nous ne procédions pas différemment dans l'espèce proposée et que nous n'appliquions l'art. 918 qu'à la portion des biens aliénés dont le prix est représenté par la rente viagère.

Quand y a-t-il lieu d'appliquer l'art. 918? Pour le savoir, il faut considérer la nature de la disposition et la personne à laquelle elle a été faite.

Il faut, quant à la nature de la disposition, que ce soit une aliénation soit à charge de rente viagère, soit à fonds perdu.

C'est la seule hypothèse prévue par la loi de nivôse. On appelle aliénation à fonds perdu non celle dont le résultat est de faire irrévocablement sortir le bien des mains de l'aliénateur, c'est là le droit commun des aliénations, mais celle qui remplace le bien dans le patrimoine de l'aliénateur par des prestations destinées à être consommées au fur et à mesure des échéances, et que les héritiers ne retrouveront pas dans la succession.

D'après cela, l'aliénation à charge de rente viagère, c'est-à-dire celle qui est faite à la charge pour l'acquéreur de payer une certaine somme chaque année à l'aliénateur, tant qu'il vivra, n'est elle-même qu'une aliénation à fonds perdu ; c'est même celle qui se présente le plus souvent, et c'est sans doute ce qui a déterminé le Code à en parler. Il y a encore aliénation à fonds perdu quand une personne aliène un fonds, à la condition que l'acquéreur lui donnera, sur un de ses immeubles, un droit d'usufruit, d'usage ou d'habitation.

L'art. 918 s'applique à une autre espèce d'aliénation dont ne parlait pas la loi de nivôse : l'aliénation avec réserve d'usufruit. C'est la translation dans le patrimoine de l'acheteur d'une nue propriété à laquelle l'usufruit devra se réunir lors du décès du vendeur.

Le législateur a étendu la présomption de gratuité à cette aliénation, sans doute parce qu'elle ne diminue aucunement les revenus de l'aliénateur, ce qui permet de supposer plus facilement qu'il n'y a là qu'une libéralité, et parce qu'il est difficile, à cause des difficultés que présente l'évaluation d'un droit viager, de décider jusqu'à quel point l'acte est à titre onéreux ou à titre gratuit. Lorsque la rente viagère doit être servie à un tiers, l'aliénation tombe-t-elle encore sous la prescription de 918? Non; la vente de la nue propriété avec attribution de l'usufruit à un tiers ne rentrerait pas dans l'hypothèse de la loi, et la vente à charge de rente viagère et la vente avec réserve de l'usufruit sont mises sur la même ligne; donc, si la rente est constituée sur la tête d'un tiers, l'aliénation ne rentre plus dans l'hypothèse de la loi. Le soupçon de fraude doit, du reste, disparaître; les arrérages sont dus à un étranger, qui ne donnera probablement pas de quittances simulées.

Pour savoir s'il y a lieu d'appliquer 918, il faut aussi considérer la personne à qui la disposition a été faite; il faut qu'elle ait été faite à un successible. Le mot *successible* désigne celui qui est appelé effectivement à la succession.

Il résulte de là que, si l'acquéreur, héritier présomptif au moment de l'aliénation, ne vient pas à la succession, par suite de son prédécès, par exemple, il est impossible d'appliquer 918.

Il faut donner la même décision si c'est par suite de sa renonciation que l'acquéreur ne vient pas à la succession : le motif de décider est tout à fait identique. D'ailleurs, 918 ne parle que de successibles, c'est-à-dire de personnes venant à la succession, et, dans notre hypothèse, nous nous trouvons, au contraire, en présence d'un héritier renonçant, d'un héritier qui est censé ne l'avoir jamais été, d'après l'art. 785.

Mais que décider dans l'hypothèse inverse : l'acquéreur n'était pas successible au moment de l'aliénation, mais il l'est à l'ouverture de la succession ? Si nous suivions à la lettre le texte de la loi, nous dirions qu'il faut appliquer 918. Mais telle n'a certainement pas été la pensée du législateur ; sa présomption n'a qu'un but : éviter la fraude, et précisément il n'y a aucune fraude, aucune simulation à craindre, si, au moment où l'aliénation a eu lieu, les parties étaient en quelque sorte étrangères l'une à l'autre, du moins quant à la succession. Nous pensons donc que 918 n'est pas applicable. La loi, tout en frappant d'une présomption de gratuité les aliénations avec réserve d'usufruit ou à fonds perdu, fournit cependant aux parties qui sont de bonne foi un moyen de conserver à leur convention le caractère de contrat à titre onéreux qu'elle a réellement. Elle a décidé que ces aliénations seraient considérées comme sincères si les autres successibles en ligne directe y ont donné leur consentement.

Mais le consentement de ceux qui étaient successibles au moment du contrat suffit-il pour imprimer à l'acte le caractère qu'ont voulu lui donner les parties ? Le consentement des personnes qui n'étaient pas successibles au moment de l'aliénation, mais qui le sont au moment de l'ouverture de la succession, n'est-il pas nécessaire pour empêcher l'application de la présomption légale de gratuité?

Nous pensons que, quand un héritier n'a pas consenti à l'aliénation, qu'il fût ou non successible au moment où l'acte a été passé, il a le droit de demander l'application de l'art. 918. Cette opinion est adoptée par la jurisprudence, et elle nous semble en tout conforme au texte et à l'esprit de la loi. La doctrine contraire aboutirait à des conséquences évidemment inadmissibles.

Ainsi, un père fait une vente avec réserve d'usufruit à ses deux enfants; plus tard, il naît un troisième enfant; ce troisième enfant ne sera-t-il pas admis à invoquer la présomption légale de gratuité? Le texte de notre article n'admet aucune distinction : tout successible qui n'a pas consenti à l'aliénation a le droit d'exiger l'imputation.

Ceux qui n'étaient pas héritiers présomptifs, qui, par conséquent, n'ont pas donné leur consentement, peuvent donc invoquer l'art. 918.

On nous oppose l'art. 26 de la loi du 17 nivôse an II, qui exigeait seulement l'intervention des *parents* du degré de l'acquéreur ou des degrés plus prochains; d'où l'on conclut que telle doit être la signification de l'art. 918, puisque cet article est moins sévère à l'égard de l'héritier acquéreur que la loi de nivôse. Mais les rédacteurs du Code, loin de consacrer le système de la loi de nivôse, ont, au contraire, prouvé qu'ils n'adoptaient pas cette partie de l'art. 26, en remplaçant le mot *parents* par le mot *successibles*.

Il est vrai que notre système a un grand inconvénient : les parties ne pourront jamais assurer d'une façon définitive les contrats qu'elles font.

Malgré la gravité de cette objection, nous sommes obligés de nous incliner devant le texte formel de la loi.

Ajoutons que le consentement des successibles est encore utile à l'acquéreur, quand même il ne le met pas complètement à l'abri de 918. Tout le monde admet, en effet, que ceux des successibles qui ont donné leur consentement à l'aliénation sont liés, quoique au décès il existe d'autres successibles qui n'ont pas consenti ; l'aliénation serait alors considérée comme un acte à titre onéreux à l'égard de ceux qui ont donné leur approbation, et comme une donation à l'égard des autres.

Remarquons que la loi ne soumet le consentement des successibles à aucune condition particulière ; il peut donc être donné expressément ou tacitement, et il peut accompagner, précéder ou suivre l'aliénation.

POSITIONS.

DROIT ROMAIN.

I. Après la Constitution de Dioclétien et de Maximien, qui forme la loi 5, C. *de adoptionibus*, l'enfant adoptif d'une femme put attaquer, par la plainte d'inofficiosité, le testament dans lequel sa mère adoptive l'avait omis.

II. Dans l'hypothèse de la loi 34, C. *de inefficioso testamento*, lorsqu'un père de famille meurt, ayant sous sa puissance un fils et un petit-fils issu de ce fils, après avoir fait un testament dans lequel il institue un étranger et exhérède son fils ; si le fils vient à mourir et qu'ensuite l'héritier fasse adition, le petit-fils, avant Justinien, était bien, en droit civil, privé de tout secours ; il n'avait ni la *querela* de son chef, ni la *querela* du chef de son père.

III. Même au temps des jurisconsultes classiques, la donation entre-vifs était imputable sur le légitime, quand telle avait été la condition de la donation. Nous n'admettons sur ce point aucun désaccord entre la doctrine d'Ulpien et celle de Paul, Papinien et Justinien.

IV. Pour décider si l'action d'inofficiosité appartient à un légitimaire, s'il a reçu sa légitime, il faut compter tous ceux qui seraient venus avec lui à la succession *ab intestat*.

V. Le légitimaire victorieux, qui a fait tomber le testament par la *querela*, profite, par droit d'accroissement, de la part de ceux de ses cohéritiers qui ont perdu leur action d'inofficiosité ou qui y ont renoncé.

DROIT CIVIL.

I. L'enfant naturel a droit à une réserve dans la succession de ses père et mère.

II. Il faut être héritier pour réclamer la réserve par voie d'action.

III. Il faut être héritier pour retenir la réserve par voie d'exception.

IV. L'enfant renonçant ne doit pas compter pour le calcul de la réserve.

V. Lorsque, dans l'hypothèse de l'art. 917, l'enfant réservataire opte pour l'abandon de la quotité disponible, la propriété du légataire sur cette quotité est soumise aux conditions du legs.

VI. Lorsque le père a laissé à l'enfant sa réserve en usufruit, il y a lieu de procéder à l'évaluation de cet usufruit d'après les règles du droit commun; on ne peut appliquer à cette hypothèse le droit exceptionnel d'option de 917.

VII. La libéralité faite à un successible qui renonce s'impute sur la quotité disponible.

VIII. La donation faite en avancement d'hoirie à l'héritier qui accepte, est imputable sur la réserve des héritiers en masse, et non pas seulement sur la part de cet héritier dans la réserve.

IX. L'aliénation à charge de rente viagère, à fonds perdus ou avec réserve d'usufruit, faite à l'un des successibles, est considérée comme aliénation à titre gratuit, à l'égard de celui qui n'était pas successible au moment de la convention, même lorsque tous les successibles existants à cette époque y ont donné leur adhésion.

ANCIEN DROIT.

Sous le régime des lois barbares il était permis de choisir sa loi.

DROIT ADMINISTRATIF.

I. Le presbytère ou logement du curé est dû par la commune.

II. Lorsqu'un dommage a été causé par des attroupements sur le territoire d'une commune, on doit décider que la commune est responsable, sans distinguer si ces attroupements ont été composés d'habitants de cette commune seulement, ou d'habitants de cette commune et d'étrangers. Cette responsabilité ne cesse pas même dans les cas où il serait prouvé que la commune aurait pris toutes les mesures nécessaires pour empêcher le dommage.

DROIT CRIMINEL.

I. L'individu qui a été acquitté par une cour d'assises ne peut plus être recherché pour le même fait qualifié d'une autre manière.

II. Lorsqu'un jugement a été rendu au criminel, l'action civile ne se prescrit pas par trente ans.

Vu par le président de la thèse,
G. DEMANTE.

Vu par le doyen,
G. COLMET-DAAGE.

Vu et permis d'imprimer,
Le vice-recteur de l'Académie de Paris,
A. MOURIER.

TABLE DES MATIÈRES

DROIT ROMAIN.

DE LA QUERELA INOFFICIOSI TESTAMENTI.

DROIT FRANÇAIS.

DE LA RÉSERVE DES DESCENDANTS.

Paris — Typ. A. PARENT, rue Monsieur-le-Prince, 31.

www.ingramcontent.com/pod-product-compliance
Ingram Content Group UK Ltd.
Pitfield, Milton Keynes, MK11 3LW, UK
UKHW020332230726
13925UKWH00002B/760

9 782014 049459